山上徹也と日本の「失われた30年」

五野井郁夫
池田香代子

集英社インターナショナル

※本書は、山上徹也氏が事件前にジャーナリストに送った犯行を示唆する手紙に、自身のツイッターのアカウントとして記していた「silent hill 333」（ユーザー名@333_hill）で投稿されたツイートを元に分析、検討したものである。

※山上徹也氏は本書の校了日（二〇二三年二月二四日）時点では殺人罪などで起訴されているため、基本的に「被告人」もしくは「被告」という呼称を用いた。

※引用した文章の中には、今日の人権意識に照らせば不適切と思われる表現や差別的な用語が使用されている箇所があるが、資料的価値を重んじ原文のままとした。

はじめに

二〇二三年一月一〇日、一七〇日間の鑑定留置を終えて、山上徹也被告人は大阪拘置所から奈良県警奈良西署に移送された。本書は、この山上被告人の生活史記録ともいえるツイッターの発言を手掛かりとして展開する。しかし本書の範囲は、山上被告論にとどまらない。

もちろん、どんな事情、背景があろうとも、彼のしたことは許されるものではない。本書も彼を擁護するためではなく、だが、ことさらに非難するためでもなく、虚心に、ひとりの青年が、数十年にわたってその存在を政治と宗教に翻弄されたがゆえに、人としての尊厳を保つ限界を感じたときに辿り着いてしまったありようを、現代日本の肖像として探求してみたいと思う。

この三〇年間ほど、日本では中産階級が空中分解しつつあり、格差社会化が進行した。富める者はますます富み、貧しいものはますます貧しくなり、上流と下流がくっきりと可視化されてきた。下流社会と上級国民という言葉が生まれたのも、この三〇年の間である。かつて中産階級だった人々の多くは、すでに貧しくなり下流になっているか、あるいはこの増税と実に四〇年ぶりの歴史的物価高の中、日々頭を悩ませながら家計防衛をして中産階級たろうと努力しているか、またあるいはその尊厳を保つためにナショナリズムや弱者への締め付けを強化する側のほうに自身を位置づけることで、没落しつつある中産階級のシートに辛うじてしがみついている。

山上被告のことを考えるとき、まず他人事《ひとごと》ではないという感覚におそわれる。彼の半生は、もしかしたら「わたし」だったかもしれない、という感覚だ。山上被告も、著者のひとりである五野井も、「ロスジェネ」といわれる世代に属する。ちょうど就職氷河期にあたり、この二〇二三年現在でも正規社員になれない者が数多くいる世代だ。

彼のこれまでの人生はどうだっただろうか。国や政治家はきっと自分たちを見捨てないはずだという淡い期待を抱きながら、何十年も目立たない場所でぎりぎりの状態で踏ん張ってきて、信じていた国と政治家の裏切りを目の当たりにして絶望し、彼が考える「正しい敵」を認識するにいたり、自分がまだ人として尊厳のあるうちにある事を決行せねばならなくなった、そういう人生である。

鑑定留置中には全国から衣服や菓子などの食料が大量に届き、消費し切れなかった分は山上被告の意向で児童養護施設等に寄付し、差し入れの現金も「統一教会の被害に苦しむ人のために使いたい」と周囲に話しているという。このエピソードからも容易に想像されるように、もし国がもっと早く統一教会問題に取り組んでいれば、彼はもしかしたら心優しい隣人としてわれわれと出会えていたのではないか。だが、そうはならなかった。この国の政府が三〇年にわたって彼を裏切り続けたためだ。だから、まだ辛うじて尊厳が守られているうちに彼は行動を起こした。

そういうヴァルネラブル（傷つきやすい、攻撃されやすい）な生を送らざるを得ない下流の人生と、たとえどんな不祥事を起こそうとも安定した地位と名誉、そして生活が保障されている上流の人生は、ＳＮＳ上以外では基本的に交差しない。しかし、二〇二二年七月八日、カルト宗教に家庭を破壊されて下流に落ちた人生と、祖父の代から権力維持のためにカルト宗教を利用してきた上流の人生、このふたつの人生が、奈良西大寺の駅裏の、殺風景な空間で交差した。前者は母のカルト宗教への入信によって、後者はカルト教祖と手を組んだ祖父からの導きによって、あの日、二人はたしかに歴史の一齣《ひとこま》の主要登場人物となったのだった。たぶん山上被告はずっと灰色の靄《もや》のかかったような人生だったのではないだろうか。そして今もそうなのではないだろうか。

　山上被告は犯行前日の二〇二二年七月七日に、長年カルト宗教問題に取り組んできた島根県在住のジャーナリスト・米本和広氏に宛てて犯行予告ともとれる手紙を投函している。その中に追伸として自身のツイッターのアカウントが記されていた。そのアカウント名「silent hill 333」（ユーザー名@333_hill）が山上被告本人のものと公的機関によって確定されたわけではないが、ツイートの内容などから彼のものと判断した。その手慣れた投稿ぶりや情報収集ぶりから、これ以前にも別アカウントでツイッターを利用していた可能性はあるが、今のところ彼のものと考えてよいのは、このアカウントのみである。

　アカウント名の「silent hill 333」は、二〇〇三年にコナミから発売されたホラーゲーム『サイレントヒル３』との関連を感じさせる。このゲームは、前世で母の手によってカルト的な神の儀式の生贄にされ、家族も殺された少女が復讐を果たす物語だ。

「silent hill 333」のアカウント名での投稿は二〇一九年一〇月一三日にはじまり、以降、二〇二二年六月三〇日に途絶えるまで一三六四件にのぼる（アカウントは七月一九日に凍結）。最後のツイートから八日後の七月八日、彼は凶行におよんだ。

本書は、二年九カ月間にこのアカウントでつぶやかれた生活史記録を軸に、現代日本社会という灰色の靄の中をともに歩むことで、山上被告があぁするよりほかに仕方がないと考えるに至った、彼と現代日本の「失われた三〇年」とは何だったのかを考えるための、一つの試論である。

山上徹也氏は二〇二三年一月一三日に殺人罪などで起訴され、被告となった。そのため本書では基本的に「被告人」もしくは「被告」という呼称を用いている。また、世界平和統一家庭連合については基本的に旧称の統一教会という名称を用いた。

二〇二三年三月

五野井郁夫《ごのいいくお》
池田香代子《いけだかよこ》

◉ 山上徹也と日本の「失われた三〇年」年譜

西暦	年齢	出来事（太字は時代背景）
一九五二年		母、生まれる
一九七九年		兄、生まれる
一九八〇年		徹也、生まれる（九月）
		モスクワオリンピック開幕（日本、アメリカなど不参加）、イラン・イラク戦争勃発
一九八四年	四歳	父（トンネル工事の現場監督）自死（一二月）
一九八五年	五歳	妹生まれる（二月）
？		母、統一教会に入信。夫の保険金五〇〇〇万円を教会に献金
？		兄、小児がんで開頭手術、片目を失明
？		母、時には兄を伴い韓国の清平を何度も訪れる。長期滞在も
？		父方の伯父（弁護士）、生活援助を打ち切るも、母は再三無心
？		当時の主な経済的な支えは母の父（建設会社経営）
一九八九年	九歳	**平成に改元。消費税三パーセント導入、ベルリンの壁崩壊、米ソ冷戦終結宣言**
一九九〇年	一〇歳	**総量規制通達（バブル崩壊へ）**
一九九三年	一三歳	地元の中学校に入学。バスケットボール部に所属
		細川連立内閣が発足し「五五年体制」崩壊
一九九四年	一四歳	母が統一教会に入れ込んでいることが発覚
		松本サリン事件、村山内閣発足、金日成死去により金正日体制へ
一九九五年	一五歳	**阪神・淡路大震災発生、地下鉄サリン事件発生、オウム真理教麻原彰晃逮捕、**
		村山談話発表

一九九六年	一六歳	県立郡山高校入学（四月）、応援団に入部
一九九七年	一七歳	**消費税率五パーセントに、北海道拓殖銀行・山一証券経営破綻**
？		引きこもりがちとなり、母に伴われ二カ所の精神科で受診
一九九八年	一八歳	高校卒業、叔父の援助で公務員試験のための専門学校に入学（のちに中退）
		消防士の試験に不合格（強度の近視のため）
		母、実父の土地（東大阪市）を無断で売却（八月）、母の実父没（一〇月）、
		母、実父が興した建設会社の代表取締役に就任
一九九九年	一九歳	母、相続した家などを売却（三月）、四〇〇〇万円以上を教会に献金
二〇〇一年	二一歳	**第一次小泉内閣発足、アメリカ同時多発テロ事件発生**
二〇〇二年	二二歳	任期制自衛官に（八月）、母、自己破産（一二月）
		FIFAワールドカップ日韓大会開催、平壌にて日朝首脳会談、
		北朝鮮拉致被害者五人帰国
二〇〇五年	二五歳	消費者金融で八〇万円ほど借り、一時期飲み歩いた末に自殺未遂（二月一四日）、
		海上自衛隊任期満了（八月）、奈良に戻り測量会社でアルバイト（九月）
二〇〇六年	二六歳	**第一次安倍内閣発足、ライブドア事件**
二〇〇七年	二七歳	測量士補の資格取得（七月）、宅地建物取引士の資格取得（一〇月）
二〇〇八年	二八歳	ファイナンシャルプランナー二級の資格取得（三月）
		秋葉原無差別殺傷事件
二〇〇九年	二九歳	母、建設会社解散。伯父、教会と交渉して五〇〇〇万円を取り戻す
二〇一一年	三一歳	**東日本大震災発生、金正日が死去し金正恩体制へ**
二〇一五年	三五歳	兄（三六歳？）自死（葬儀は一一月）
二〇一六年	三六歳	**相模原障害者施設殺傷事件**

二〇一七年	三七歳	**トランプ氏が米大統領に就任、第四次安倍内閣発足**
二〇一八年	三八歳	**韓国、北朝鮮による南北首脳会談（板門店）**
二〇一九年	三九歳	一〇月五日に「ジョーカー」観る。六日に韓鶴子総裁来日講演。いずれも名古屋。 その七日後の一三日、「silent hill 333」のアカウントでツイッターを始める
二〇二〇年	四〇歳	派遣会社を通じフォークリフト運転士として働き始める（一〇月）
二〇二一年	四一歳	火薬を製造するための場所を借りる。勤務態度に異変（春） 九月一二日、教会の催しにビデオ出演した安倍元首相を見る
二〇二二年	四二歳	職場トラブル続く（一月）。自宅で自作銃を完成（四月）。無断欠勤増える 派遣会社に五月で退社申し出。最後の出勤は四月下旬 六月三〇日、最後のツイート 七月七日、安倍元首相を襲う目的で銃を持ち岡山へ。会場には入れず 米本和広氏宛ての手紙投函（追伸としてツイッターのアカウントを記載） 七月八日、奈良・大和西大寺駅北口ロータリーで安倍元首相を射殺

※参考：「週刊文春」（二〇二二年七月二一日号）、「読売新聞オンライン」（二〇二二・八・八）ほか

目次

協力：デモクラシータイムス
装幀・デザイン：大森裕二

プロローグ──山上徹也の言葉をわたしたちは読まなければならない

「違うよ」

山上徹也被告が、ある引用ツイート（2021-7-26）の冒頭に書きつけた一言だ。

事件後、彼についてさまざまな憶測がなされている。凶行に至った動機は、生い立ちは、学校や職場での彼は……。しかし、手がかりはメディアが伝える、彼と接触のあった限られた人々の証言、そして彼のものと思われる、二〇一九年一〇月一三日から二〇二〇年六月三〇日までに投稿された一三六三件のツイートぐらいだ。六カ月という異例の長さの精神鑑定の結果をふまえ、通常の裁判が行われることになり、容疑者は被告になったが、彼の裁判が結審するまで、すべての山上徹也像は憶測にすぎない。あるいは将来、全裁判記録を読み込んだ山上徹也像が描かれたとしても、それもまた精度を上げた推測でしかないだろう。

彼はそのすべてに対して、開口一番、「違うよ」と言う気がする。ならば、ほぼ彼のツイートのみを手がかりに、事件から日も浅い時期に試みられたわたしたちのささやかな山上徹也論にも、彼はひときわ力をこめて「違うよ」と返すに違いない。

それでも、山上徹也という人物について、わたしたちは語らないわけにはいかない。この短文を書き終えたとき、その理由が説明できていることを願う。

彼と同時代を生きていることの責任

安倍晋三元首相銃撃事件によって、統一教会すなわち世界平和統一家庭連合と政治家との関係が白日の下に晒《さら》され、事件の衝撃をさらに大きなものにした。主義主張を同じくする集団と政党が支持し支持されることに、問題は何もない。それが宗教集団であっても同じだ。問題は、その宗教集団が詐話としか思えない教義で恐怖を煽《あお》り、人の不幸や弱みにつけ込み、個人の人格権や幸福追求権や財産権という人権、つまり普遍的価値をはなはだしく損なってきたことにある。そのために人生を毀損《きそん》された人がおびただしくいることにある。そんな深刻な社会問題を起こしたカルト教団が、宗教法人格を剥奪《はくだつ》もされずに今に至ることにある。

そして三〇年以上前、統一教会が社会とは相容れない犯罪的カルト集団と目されてからというもの、心ある人々がたゆまず監視し、警告し、政治家たちに提言し、犠牲者救済のために尽力してきたことを、政治家たちはおそらくは知りつつも軽視しまたは無視してきた。この問題の根幹は、ひとえに権力の奪取や維持という自己利益のためにさまざまに教団を利用し、その見返りに教団の権威づけや信用付与に貢献し、あげく教団の不祥事についてはおそらく司直《しちょく》の手が伸びないよう権力を行使するなどして、政治家と教団が持ちつ持たれつの関係をかくも長く続けてきたことにある。犠牲者をないがしろにしてそれぞれの利益を図ったすべての政治家たちと教団を、その繋《つな》がりの内実を含めて洗い出し、今後の身の処し方まできびしく注視することは、健全で真に民主主義的な市民社会を取り戻す、あるいはゼロから作り上げるために欠かせないプロセスだ。

そして何より、この政治家とカルト教団の共存共栄の陰に、手ひどく人生を傷つけられた犠牲者が累々《るいるい》と横たわっていることに、わたしは周章狼狽《しゅうしょうろうばい》する。最も大切で喫緊《きっきん》なのは、これら犠牲者にこれまでのわたしたちの社会の愚蒙《ぐもう》と怠慢を恥じ、詫《わ》びることではないか。そして、今すぐできることから中長期的な方策に至るまで、心身の、社会的存在としての、あるいは経済面でのさまざまな回復の手立てを、さまざまな専門的知見や行政の執行力や市民社会の行動力を挙げて構築することだろう。そのためには、まずは犠牲者の声に耳を傾け、犠牲者と向き合うことが避けられない。二〇二二年末には被害者救済法が成立したが、これは未来の被害を一定程度救済することはできても、当事者たちや支援者たちが指摘する通り、過去の、そして今も苦しんでいる被害者をカバーするには程遠い。わたしたちの社会が社会の名に値しようと思うなら、わたしたちは関心と監視の目を失うことなく、情報を集め、当事者の声に耳を傾け、声を上げ続けなければならない。

山上徹也被告は一線を越えてしまった。彼と似た境遇の人々はおびただしくいるが、この越えてはならない一線を越えたのは彼だけだ。事件直後から彼を「やまがみさま」と呼び、鑑定留置中の彼のもとに山のような差し入れや金子《きんす》が届き、裁判も始まっていないのに減刑嘆願署名が一万筆以上集まったことには、正直、違和感を禁じ得ない。五・一五事件や二・二六事件への世間の反応が思い起こされ、その後この国が辿《たど》った戦争という究極的な国家暴力肯定の歴史を思って暗澹《あんたん》とする。この類いの事件が起きると、共感や同情といった感情に圧倒されるのは分かるとしても、あくまでも冷静に受けとめるべきではないだろうか。

なぜ山上徹也被告は元首相を殺害したのか。事件後、彼のものとされる一群のツイートは運営会社によってすぐさま閲覧できなくされたが、その先手を取ってコピーし、ウェブ上にアップした人々がいた。それらの言葉を、わたしたちは読まなければならない。なぜ彼は一線を越えたのか、考え続けなければならない。そうすることにより、彼と同時代を生きていることの責任を果たさなければならない。

ごめんなさい、山上さん。赤の他人があなたを勝手にあげつらって。でも、あなたのしてしまったことはこの社会をとてつもなく大きく揺るがしています。「失われたこの30年」とあなたも書いている（2020-11-14）バブル崩壊後の、何かが揮発し、社会がほとんど手の施しようもないほどに根腐れを進行させてきた年月を生きてきたわたしたち自身が、あなたのしたことをきっかけに、大きく揺らいでいます。わたしたちはあなたを通してこの社会を、そしてこのクソッタレな社会をあなたと同時期に生きてきてしまったクソッタレなわたしたち自身を語らざるを得ないのです。

時代が立てる得体の知れない軋み音

第一部の五野井郁夫さんのインタビューは、ユーチューブの政治社会チャンネル、「デモクラシータイムス」で行われたものに加筆修正したものだ。インタビューを行ったのは二〇二二年七月二五日、事件から一七日後のことだ。ユーチューブの動画にはコメント欄が設けられており、視聴者が感想や意見を書き込む。その中に、こんな言葉があった。

「どこかで人生を立て直すことが出来ていれば、普通の家庭を持つ韓国嫌いの中年男性になっていたのだろうかと思うと、ただただ悲しい」（槐）

その通りだ。元首相を手製の銃で撃ち殺した男性ではなく、家族持ちの嫌韓中年男がどこかに一人増えたほうが、どれほどましだったことか。殺された元首相にとっても、今や被告となった山上徹也という人にとっても。

取り返しのつかない事態を前に、もしもと設問することは悲しみを深めるだけだ。そう分かっていながら、わたしたちはもしもと問う。銃撃事件そのものも取り返しがつかないがしかし、山上徹也被告にとっての取り返しのつかなさは、その何十年も前から始まっていた。

白状すると、五野井さんのインタビューに臨むまで、わたしはこの事件を悪辣《あくらつ》なカルト宗教集団とそれと癒着した定見《ていけん》のない政治家の問題と認識していた。確かにそれもあるが、山上徹也被告の軌跡は、ロストジェネレーションと呼ばれる世代が共有する社会的バックグラウンドの上に描かれてきたのだと、五野井さんに気付かされた。この三〇年、経済は凋落《ちょうらく》の一途を辿り、この国はその間に育ち、社会に出ていかなくてはならなかった若者の生き血を吸い、見殺しにすることで延命を図ってきた、という認識はあった。エッセイなどでは、よくゴヤの「我が子を喰らうサトゥルヌス」を引き合いに出してきた。けれど、山上徹也被告の条件の特異性に目を奪われ、その背景に広がる社会的普遍的なものに思いが至らなかったのだ。

山上徹也被告は一九八〇年九月一〇日に生まれたとされる。その一一年後、一九九一年にバブル崩壊が宣言された。

わたくしごとになるが、わたしは一九九五年に『ソフィーの世界』という、ノルウェーの作家による哲学史ファンタジーを翻訳出版した。これが意外なことにベストセラーとなり、訳者として取材を受けるたびに、なぜこの本がこれほど読まれるのか、という質問を受けた。「不況だからではないでしょうか」と、答えるのが常だった。

時代が変わるとき、人は過去を振り返る。通貨統合を目前に控えたヨーロッパは、共通の源泉を求めギリシアに端を発する哲学に目を向けた。日本は、近代資本主義が輸入された明治期に思いを馳《は》せた。維新以降、これまではともあれこのシステムでやってきた、それが得体の知れない軋《きし》み音を立てている。動きを止めるのか、クラッシュするのか、先が見えない。明治期には資本主義とともに哲学というものも入ってきて、西洋近代の合理的精神を学んだはずだったのだが、その果てに今このバブル崩壊を目の当たりにしている。ここは一度立ち止まって、西洋哲学史を瞥見《べっけん》してみよう……そんな動機を想定したのだ。根拠は薄弱で、この本が最初に売れ出したのが東京駅八重洲口の、ビジネスパーソンがよく利用する大型書店だった、というに過ぎないのだが。

「自分探し」というテーマのエッセイの執筆依頼が、引きも切らずに舞い込んだ。「自分探し」は当時の流行語だったのだが、なにしろ『ソフィーの世界』は「あなたはだれ？」という謎めいた問いから始まるからだ。崩壊したとはいえ、まだバブルの余燼《よじん》は残り、アルバイト口は潤沢で、若い人の中には、定職につかずにアルバイトをしながら自分の道を模索する、本当に自分がやりたいことを探す、という人が一定数いた。「コンビニでプーしてます、一応友だちとバンドやってんですけど」というような名乗りがごく普通に聞かれ、そこに悲壮感はなかった。「プー」とは「プータロー」、定職につかずにふらふらしている人を指すスラングの、この頃よく使われていた短縮系だ。テレビには、そんな風潮を煽るような求人情報誌のコマーシャルがしきりに流れていた。

けれど、わたしは危機感を覚えていた。この「自分探し」ブームは、安価で雇用に融通のきく、取り換え可能な単純労働者のプールを作りたいという経済界の意図が仕組んだものではないか、当事者にとって、そのプールはそこにはまったら一生浮かび上がれない沼と化すのではないか、と。わたしは、求められるのをいいことに「自分探し」の危うさについて、これを礼賛するブームに水をさすような、編集者に肩透かしを食らわせるような原稿を、何本も書いた。その一編が、複数の高校の現代国語の教科書に採用されるというおまけもついた。

ジョーカーは何に絶望したのか、何を笑うのか

『ソフィーの世界』が出たとき、山上徹也被告は一四歳だった。ファンタジーの主人公、ソフィーもまた一四歳だ。ただの偶然に過ぎないが、架空の一四歳にわたしが思いを凝らしていたのと同じ時期に、山上徹也という生身の一四歳はとてつもなく過酷な状況に直面させられていた。それを回想する彼の連ツイを引く。連ツイとは連続ツイートの省略で、山上徹也被告はよく連ツイをした。長くなるが、彼がなぜ事件を起こしたのかを理解する上で欠かせないと思うので、全文を引用する。

オレが14歳の時、家族は破綻を迎えた。統一教会の本分は、家族に家族から窃盗・横領・特殊詐欺で巻き上げさせたアガリを全て上納させることだ。70を超えてバブル崩壊に苦しむ祖父は母に怒り狂った、いや絶望したと言う方が正しい。包丁を持ち出したの《ママ》その時だ。（2020-1-26）

祖父はオレ達兄妹を集め、涙ながらに土下座した。自分の育て方が悪かった、父と結婚させた事が誤りだった、本当に済まないと。（2020-1-26）

オレはあの時何を思えばよかったのか、何を言うべきだったのか、そしてそれからどうするべきだったのか、未だに分からない。（2020-1-26）

根本的に家族として崩壊したまま、現実は上滑りしていった。あの破綻以来、徐々に勉強は分からなくなって行ったが、それでも祖父が周囲に自慢できるほどの進学校には進んだ。入試後の気の抜けた雰囲気の校内で、沈み込むオレを見てクラスメイト達は入試に落ちたのだと噂した。（2020-1-26）

祖父はオレ達に土下座した後、懇願した。これ以上どうする事もできない、田舎に帰るから出て行ってくれと。この言葉はオレを縛り続けた。祖父を信じることができなかった。事実祖父は年に一度か二度、荷物をまとめるようオレに迫った。それからオレを守るのは、皮肉な事に張本人の母だった。（2020-1-26）

混乱し誤魔化し続けた現実のまま、ある日祖父は心臓発作で亡くなった。これまで祖父の目を盗んで金を統一教会に流していた母を咎める者はもういない。全てを手にした母は、韓国人が選民と信じる者にしか存在しない対価と引き換えに全てを引き渡し、そして言った。「祖父の会社に負債があった」と。（2020-1-26）

祖父は死後も辱められた事になるが、それを知るのはそれから10年後だ。ジョーカーは何故ジョーカーに変貌したのか。何に絶望したのか。何を笑うのか。（2020-1-26）

この記述から分かるのは、一四歳の山上徹也被告は、母と兄と妹とともに母方の祖父の家で暮らしていたこと、母の結婚はこの祖父が積極的に勧めたものだったこと、母の統一教会への尋常でない巨額の献金が明らかになってから、祖父は同居を解消したがり、いざこざが絶えなかったこと、そのため山上徹也被告は祖父を信頼できなくなったこと、そんな中、難関校への進学を決めたものの、中学最後の日々を鬱々《うつうつ》と送っていたこと、祖父の死後、母はその遺産も統一教会に注ぎ込んだことだ。

報道によると、父は京都大学を出た土質《どしつ》の専門家として、各地のトンネル工事に携わっていた。母方の祖父は建設会社を経営していたので、遠からぬ分野の技術者である父を嘱望《しょくぼう》していたのだろう。しかし、父は一九八四年、自死を遂げる。そのとき山上徹也被告四歳、兄五歳、妹は母の胎内にいた。兄は生後間もなく病気が見つかり、大手術で片目を失明している。山上徹也被告は、物心ついたとき、気付けば病身の兄と幼い妹をかばいながら母と祖父というおとなたちと向き合う、実質長子のような役割を引き受けていたのではないか。彼の兄思い、妹思いには、自衛官時代、困窮する二人に保険金を遺すために自殺を図ったほど深いものがあった。その兄は、二〇一五年に自死してしまう。病状が悪化し、食べるにも事欠く中でろくに治療も受けられないことに絶望したためという。兄三六歳、山上徹也被告は三五歳だった。

凝縮した言葉で、中学から高校にかけて一身上に起きた出来事を一気に述べたこの連ツイの末尾はしかし、それまでの記述とは趣を異にする。唐突に映画『ジョーカー』の主人公に思いを馳せているのだ。コメディアンを夢見るピエロのアーサーは、母の妄想に振り回されていたこと、不意に笑いが止まらなくなる障害も母に起因した幼児期の虐待が原因だったことを知り、ジョーカーとなって町中を殺人と破壊の渦に巻き込んでいった。

片や山上徹也被告は、母が祖父の会社や自宅を売却したのは借金清算のためだったと一〇年間も信じたあげくに、それは母の嘘で、多額の現金は統一教会に渡ったことを知った。母が祖父の家を売ったのは一九九九年、親族の援助で消防士になるための専門学校に通い始めた頃だ。しかし、援助を受けるまでもなく、家にお金はあったのだ。大学は、行こうと思えば行けたのだ。ほぼ全員が大学に進学する高校で、経済的な理由で大学進学を諦めたのだと信じきっていた山上徹也被告にとって、なんと残酷な事実の暴露だったろう。

母親へのアンビヴァレントな感情

母親の嘘によって人生を台無しにされたという絶望は、アーサーと山上徹也被告に共通している。しかし、アーサーがジョーカーとなって街に出て行くに先立って母を殺したのに対し、山上徹也被告は母へのアンビヴァレントな感情を持ち続けた。

最も救いがないのは、母を殺そうとした祖父が正しい事だ。オレは母を信じたかった。それ故に兄と妹とオレ自身を地獄に落としたと言われても仕方がない。(2019-12-7)

オレが集団としての韓国人を許すことはないし、それに味方する日本人を許すこともない。父と母と兄と妹と祖父にかけて。(2019-12-7)

これで自分が札付きの不良でもあったなら自分が悪かったと思いようもあるが、健気にも母親を支えようとするよく言えば優等生的、悪く言えば自我の希薄な子供だった自分からすれば悪夢としか言いようがない。(2020-12-11)

（前略）無責任というか他人事というか。この感覚はウチの母親に似てるから分かる。言葉では心配している、涙も見せる、だが現実にはどこまでも無関心。無意識レベルの無関心と他人事感を前提にした情しかない。こんな人間に愛情を期待しても惨めになるだけ。（2021-4-18）

母との思い出を愉快そうになぞるツイートが、一つだけ、ある。

ガキの頃に母親の手料理よりカップラーメンが食いたくて（子供ってジャンクフード好きじゃない？）根負けした母親が出してくれたカップラーメン旨い旨いって食ってたらそれまで見た事ないくらいの勢いで母親にブチキレられた事があったっけ。（2020-8-6）

ブチ切れる母親の思い出なのに、「好きじゃない？」「あったっけ」といった語尾に、素直な心躍りが感じられる。これが、ネグレクトや裏切りを重ね、子どもに対する理解不能な他人事《ひとごと》感をまとってきた母親への気持ちなのだ。信じたかったが裏切られた、健気に支えようとしたがその気持ちは通じなかった、愛情を期待して惨めさを味わった母親である事実は微動だにしないにも拘《かかわ》らず、山上徹也被告の中に、母との楽しかった思い出は無傷のままに保存されている。こんな毒親は問答無用に切って捨てるしかない、切って捨てるべきだ、あなたの心の健やかさを大切にするのなら、という思いが抑え難く湧き上がる。しかし、そうしないのが山上徹也被告という人なのだ。

三年近く前から、元首相を襲う計画は固まっていたのか

その怒りは母ではなく、統一教会に向かう。母が通っていた教会の元教会長とはたびたび突っ込んだ相談もしていたということから、信者をひとくくりにして敵愾心《てきがいしん》を燃やすのではなく、個々の信者と教会や教祖を分けて考える知性がうかがえる。そして、**「親を殺してニュースになる2世が現れて統一教会の名が出れば」**（2021-5-18）と、死人が出るようななんらかの凶悪な事件が起きて、信者ではなく統一教会そのものに世間の耳目が集まることを待望するという、不穏な空想もしている。

このツイートの二年半ほど前、山上徹也被告は自ら凶悪な事件を起こそうとした。統一教会の韓鶴子《ハンハクチャ》総裁を狙って手製の火炎瓶を携え、名古屋に行ったのだ。このときは、厳重な会場警備を遠望して実行を断念している。二〇一九年一〇月の初め、元首相銃撃の三年近く前のことだった。そしてそのすぐ後に、彼は「silent hill 333」のツイッターのアカウントを取得した。

長い年月、山上徹也被告は統一教会への忿怒《ふんぬ》を持ち来たり、その最高幹部を襲って統一教会の名前を悪い意味で世に知らしめるとの企図《きと》を持続させていたことになる。あるいは、その企図を秘かに温めること、銃の作り方をネットで調べること、そして火薬や部品を揃えていくことで、山上徹也被告はかろうじて精神の均衡を保っていたのかもしれない。

テロが、政治的な目的のために暴力を用いて人命を奪ったり建造物を破壊したりして、対立する勢力を恐怖させることであるなら、山上徹也被告の行為はテロではない。政治的な目的を持っ

ていないからだ。この名古屋での襲撃断念の直後、山上徹也被告は教団幹部を襲うことは不可能と判断したようだ。そして、標的を元首相にシフトさせたことを、自ら確認するかのようなツイートを投稿している。したがって、元首相銃撃は、巷間《こうかん》言われるように、またわたしも思い込んでいたように、二〇二一年九月一二日の統一教会の別動団体、天宙平和連合の集会に元首相が寄せたビデオメッセージを見たことがきっかけになったのではない。その三年近く前から、元首相を襲う計画は固まっていたのかもしれないのだ。ツイッターを始めて二日後に、こう書いている。

オレがに《ママ》憎むのは統一教会だけだ。結果として安倍政権に何があってもオレの知った事ではない。(2019-10-14)

政界にもたらすだろう影響が目的で銃撃するのではないことは、元首相銃撃の前日に投函した、あるジャーナリストに宛てた手紙にも書かれている。

安倍の死がもたらす政治的意味、結果、最早それを考える余裕は私にはありません。

この一節は、以下のような文章の締めくくりの部分にあたる。山上徹也被告が統一教会の内部動向を注意深く追っており、分裂した統一教会の現状では、幹部の誰かの命を奪っても他の分派が喜ぶだけ、あるいは組織が再統合して、おそらくは力をつけるだけだと分析していたこと、元首相は本来の敵ではなく影響力のある教団シンパであると、正しく認識していたことが分かる。

苦々しくは思っていましたが、安倍は本来の敵ではないのです。
あくまでも現実世界で最も影響力のある統一教会シンパの一人に過ぎません。
文一族を皆殺しにしたくとも、私にはそれが不可能な事は分かっています。
分裂には一挙に叩くのが難しいという側面もあるのです。
現実に可能な範囲として韓鶴子本人、
無理なら少なくとも文の血族の一人には死んでもらうつもりでしたが
鶴子やその娘が死ねば3男と7男が喜ぶのか
あるいは統一教会が再び結集するのか、
どちらにしても私の目的には沿わないのです。

国葬の前日に上映された事件をモデルにした映画

しかし、人命を奪うことを通じてある組織集団に社会の関心を向かわせ、法的社会的な断罪まで持っていくことが目的であるなら、それもやはりテロと呼べるのではないか。政治目的のためのテロが政治的テロなら、これは社会的テロだ。

そうだとしてもしかし、山上徹也被告のしたことは、いったいどのような文脈ならテロを超えて革命と呼べるのだろう。というのは、今回の事件に材を求めた足立正生《あだちまさお》監督の映画『REVOLUTION+1』が、二〇二二年九月二六日、元首相国葬《こくそう》の前日に一部未完成のまま緊急先行上映されたのだ。事件発生直後に映画化を決意し、一週間で脚本を仕上げ、一週間で撮影を終えたという、八〇歳を超える監督の瞬発力には脱帽する。しかし、革命とは、プラスワンとは。そのあたりのことを、わたしは作品からは読み取れなかった。

映画的愉楽を感じたシーンもあった。手製の銃を完成させた主人公が、部屋の中でひとり奇妙な踊りを踊るシーンだ。脚はスキップを踏むように飛び跳ね、前のめりの上半身から突き出した両腕は掌《てのひら》を上にして、まるで足元から、地中から何かを招き寄せるように上下した。テロル、テロとはテラ、大地に根ざす現実の恐怖だろう。ホロル、ホラーがH音によって天と繋がり、超常的な外部から襲う恐怖を表すのと対をなす。テロルという恐怖を地の底から招喚《しょうかん》しようとするかのような役者の身体に見入った。

身体といえば、山上徹也被告は身体性にこだわっていたのではないか、と思えてならない。犯行後、取り押さえられる映像や画像はわたしたちの視野に幾度となく押し入ったが、そこでの山上徹也被告は、どう見てもぶざまではないのだ。自分よりも体格のいい二人の男に制圧されながら、冷静に自身の身体を制御し得ている。どうしても、秋葉原無差別殺傷事件を起こして取り押さえられる加藤智大《かとうともひろ》元死刑囚のぶざまさがそこに二重写しに想起されるのだ。山上徹也被告は華《きゃ》奢《しゃ》な体つきのようだが、中学時代はバスケットボール部、高校時代は応援団に入っている。高校卒業後は消防士を目指し、その後には自衛官になっている。いずれも身体性を重んじる領域だ。高校映画に話を戻すと、たまたま主人公と同じアパートの別部屋に住む革命家の娘が登場し、主人公に向かって、革命の思想のような自説を繰り広げる。革命家の娘は革命を、つまり親の人生を肯定しているのだ。わたしはここに、革命家を任じ、海外での投獄経験もある監督の甘えを見た。革命を肯定する素材として、足立監督はこの事件に反応し、作品化したのではないか。タイトルもその方向でつけたのではないか。主人公と革命家の娘が住むアパートが老朽化した木造であることが、そこで語られる革命がまるで昭和のそれであるような錯覚を覚えた。

「人が人にとってのインフラである事の否定」

上映後は監督を交えたトークとなった。壇上には宮台真司《みやだいしんじ》氏もいて、客席からも活発な発言が相次いだ。わたしが気になったのは、会場を包んでいた一種の高揚感だ。尊敬する老監督のひさびさの新作を見たという興奮もあっただろうが、それだけではなく、事件そのものにはしゃいでいるような空気が醸成《じょうせい》されていたように思ったのは、わたしの読み違いだろうか。加害者となった山上徹也被告だけでなく、親の狂信に苦しんできた、今も苦しんでいる多くのカルト二世の痛ましさ、そして五野井さんのおかげで目を開かされたロスジェネの苦境に打ちひしがれていたわたしは、熱気あふれる満員の新宿ロフトの客席で、ひとり浮いた存在になっていた。

そのとき、耳の奥に響いていたのは、ミュージカル『レ・ミゼラブル』の冒頭に歌われる「Look Down」だ。なぜなら、山上徹也被告が革命という単語を肯定的に使っている二例の一つが、この曲にまつわるツイートだったからだ。山上徹也被告のそのときの心象風景に衝撃を受けたために、このツイートは鮮明に憶えていた。

今日は朝からずっとこれを聴いている。いずれ日本も革命的な何かが起こると思う。（2022-1-22）

嵐の中、傾いた巨大な帆船を、鎖で繋がれたおびただしい囚人たちが腰まで水に浸かりながら、太いロープに取りすがり、引いている。囚人の多くは初老を超えている。目を上げるな、支配者の目を見るな、俺たちは奴隷だ、ここは地獄だ、あと二〇年続く地獄だ。だが俺が何をした、俺は無実だ……。夜九時に「**朝からずっとこれを聴いている**」とツイートする、「**1フォロワーしかいない素晴らしき自由**」（2021-3-28）の中にある、ロスジェネの絶望と孤独。

ちなみに、山上徹也被告のツイートに革命が肯定的に使われているもう一例は、コロナ禍で経済が落ち込み、国民年金の保険料納付を免除・猶予される人が過去最多となった、という新聞記事へのリプライだった。

国も自治体も気分が昭和なので矛盾した請求書を頼みもしないのに平気で送り付けて払いたくなければお願いしろと宣う。どう考えても革命が足りなかったのではないかと思う。（2021-6-28）

これこそは革命が、頭の中の古い本棚に納まった思想の一アイテムではなく、我が身に照らして痛切に求められている光景ではないか。革命とまで言わなくても、政治はいいかげん憲法第二五条を思い出したらどうだ、自分たちは独立した個人として、日々尊厳を削ぎ落とされながらようやく生きていく奴隷ではない存在として、健康で文化的な生活を営む権利を有するのではなかったか、と迫る光景ではないか。

> 何故かこの社会は最も愛される必要のある脱落者は最も愛されないようにできている。（2020-1-21）

> 人が人にとってのインフラである事の否定はもう人間である事の放棄に近いんだよ。（2020-1-21）

これらのツイート（一部引用）は、ある女性の「インセルは女をインフラか何かのように思い込むことで被害者ヅラしているからこそ白眼視されている」という投稿への、インセル（非モテ男）の立場からの異論なのだが、インセル論争の文脈を逸脱して、より普遍的な人間の生存条件を希《き》求《きゅう》しているようにも読めるのが不思議だ。女をインフラと見るのはとんでもない暴論だが、瞠目《どうもく》すべきことに山上徹也被告は女を人と言い換えているし、**「愛は必ずしもセックスを意味はしない」**（同前）と注意喚起もしているからだ。ぎょっとするような議論からまっとうな地金がのぞいて見える。彼が本当は何を求めているかが、透けて見える。山上徹也被告が望んでいたのは、性愛関係に限定しない、互いに人が人の支えになるような、安んじて心を休ませることのできる人間関係が可能な社会ではなかったか。

この二日後に、山上徹也被告は鬼束ちひろの「月光」の動画を貼り、「この時代のこの人の輝きが永遠に残って欲しい《ママ》思う」、そして「全てのフェミニストに捧ぐ、だな」と書き添えている（2020-1-23）。こんなもののために生まれたんじゃない、どこにも居場所なんて無いと歌う歌手を、永遠に残ってほしい輝きと寿《ことほ》いでいるからには、「フェミニストに捧ぐ」は共感の表明と受け止めていいのだろうか。山上徹也被告は時に両義的で面妖《めんよう》だ。そのツイートは、その悖反性《はいはんせい》を隠そうとしないどころか、論じ切ろうとし、どこかに理解する人を求めている。

安倍晋三元首相にも是々非々の評価

SNS上に入り乱れる話題を、驚くほど網羅的にキャッチアップし、有名無名の投稿者にメンションを送って自説を展開する山上徹也被告のツイートは、いわゆるネトウヨ的な嫌韓、反フェミニズム、反リベラルの色が濃いものが多いが、並のネトウヨと決定的に違うのは、すべてが自分の言葉であり、自分の思考だということだ。その結果、ネトウヨのテンプレのような発想からは外れる発言も少なくない。宮家《みやけ》の結婚にいちゃもんをつける向きを批判したり、女性天皇を認めたり、原発事故時の菅直人首相を評価したり、安倍晋三元首相にも是々非々の評価を与えたり、といった具合だ。彼は自身のそうした振る舞いに、大いに自負を持っていた。

ネトウヨとお前らが嘲る中にオレがいる事を後悔するといい。（2019-12-7）

自己認識と統一教会に対する認識はぶれることなく、明晰だ。たとえばこのようなことは、このたび山上徹也被告が元首相銃撃という取り返しのつかない事件を引き起こし、統一教会にまつわる事象が掘り返されるまでは、ほぼすべてのわたしたちが知らなかったことだ。

安保闘争、後の大学紛争、今では考えられないような事を当時は右も左もやっていた。その中で右に利用価値があるというだけで岸が招き入れたのが統一教会。岸を信奉し新冷戦の枠組みを作った(言い過ぎか)安倍が無法のＤＮＡを受け継いでいても驚きはしない。（2021-2-28）

統一教会が素性を隠して接近しあれやこれやで信者を獲得する手法を取ってきたこと、問題化した後もダミー団体を多数設立し似たようなことをやり続けて来たこと、何らかの目的をもって近づく人間はいるんだよ、世の中には。（2021-8-11）

次のようなアナロジーも、我が事として冷徹に統一教会に注視してこなければ思いつかないだろう。

冷戦を利用してのし上がったのが統一教会なのを考えれば、新冷戦を演出し虚構の経済を東京五輪で飾ろうとした安部《ママ》は未だに大会を開いては虚構の勝利を宣言する統一教会を彷彿とさせる。（2021-2-28）

二月二八日の二本のツイートで挟むように、自身の世代について言及し、彼に過酷な条件しか提示しなかったこの時代の社会構造を告発する山上徹也被告の言葉を最後に紹介する。

残念ながら氷河期世代は心も氷河期。（2021-2-28）

継続反復して若者の無知や未熟に付け込んで利用して喜んでるような奴は死ねばいいし死なねばならない。生かしとくべきではない。それぐらいは言っとく。（2021-2-28）

池田香代子

追記

校正作業をしていたら、宮台真司氏襲撃の容疑者が突き止められたらしいとのニュースが入った。しかも昨年のうちに自死していたという。

現場の東京都立大学から一〇キロと離れていない住宅街の両親宅と近接した戸建ての別宅に独

居する無職の四一歳。山上徹也被告とほぼ同い年だ。既婚で別居中だったのか、あるいは離婚したのか、それとも未婚なのかは、今のところは不明。独身者だったことしか分からない。近所の人は、この人のことをよくは知らなかった。当然、その死の詳細も知らなかった。

この社会に身の置き所を見つけられず、なすべきことに出会えなかったと思われるロストジェネレーションが一人、衆人を震撼《しんかん》させたその強度とは不釣り合いに、ひっそりと世を去った。

この本を作っているさなかなので、ことさらに元首相銃撃事件が思い合わせられてしまうのだ、と少し衝撃を割り引いて受け止めようとするものの、いくつかの客観的な事実が示す二つの事件の犯人の共通性は否定しようもない。しかも、母親にはカルト宗教、エホバの証人の影がちらつくという。

五野井さんが、打ち合わせの中でふと漏らした言葉がよみがえる。

「ロスジェネの事件はこれからも続くと思いますよ」

今、SNSを介した特殊詐欺団や強盗団への若者たちの流入が深刻な問題になっている。彼らもまた、五野井さんが指摘するきらきらしようもない、ロスジェネ以降の世代だ。バブルが弾けたからといって、その場しのぎに若者を踏みつけることで社会が延命を図るなど、外道《げどう》の策だったのだ。その当然の帰結を、わたしたちは目の当たりにしている。ここから脱するには、自身がロスジェネに属する雨宮処凛《あまみやかりん》さんの言葉をいま一度嚙みしめ、これを指針としていくしかない。

「生きさせろ！」

第一部

五野井郁夫×池田香代子

新自由主義とカルトに追い詰められた〝ジョーカー〟のツイートを読み解く

山上徹也という青年はどんな世界に生きてきたのか

池田　今回、どうしても五野井さんのお話が伺いたいと思ったのは、まず近現代政治を扱う政治学者でいらっしゃるということ、そして教育虐待ですね。山上徹也被告は家庭の問題があった。五野井さんもご家族との軋轢《あつれき》があって、しかも宗教が……。

五野井　絡んでいますね。

池田　カルトではありませんが。

五野井　いや、ある意味カルトです。たとえば、LGBTQ[*1]の権利等を認めてはいても、まだ同性婚は認めていませんから[*2]。

池田　えっ、でも五野井さんの場合はカトリック[*3]ですよね？

五野井　カトリックというのはカルトの部分がけっこうありますのでね。

池田　そして山上被告と五野井さんはほとんど歳が同じ。

五野井　そうなんです。山上被告は八〇年生まれ。私は七九年生まれなので、一歳差なんです。

池田　事件が起きたとき、まずどんなふうに思われました？

五野井　事件が起きてすぐのときは、私を含めまさか誰も統一教会絡みだとは思っ

1　LGBTQ：レズビアン（女性同性愛者）、ゲイ（男性同性愛者）、バイセクシュアル（両性愛者）、トランスジェンダー（性自認が出生時に割り当てられた性別とは異なる人）、クイア（性的マイノリティを包括してとらえる語）やクエスチョニング（性自認や性的指向が定まっていない人やあえて決めない人）の頭文字を取った言葉。

2　同性婚は認めていません：ローマ教皇庁（ヴァチカン）は二〇二一年三月一五日に、カトリック教会は同性婚を祝福できないとの公式見解を示しているが、ローマ法王は「シビル・ユニオン」（市民婚姻）を認める法律は支持している。

3　カトリック：使徒ペトロの後継者たるローマ

ていなくて、友人たちといろいろな形で情報収集をしていたときは、山上被告自身もツイッターで触れていましたけれども、これはやはり、映画のジョーカー型の犯罪[*4]なのではないかと。ようするに、社会に対する恨みというものが相当程度あるのだろうという見立てをしていました。

池田　その皆さんというのは同世代ですか?

五野井　上、下両方ですね。二十代から五十代ぐらいまでの年齢層の人たちですが、皆そういった感じでした。

池田　私は、事件の詳細がだんだん明らかになっていったとき、同じ映画でも『タクシードライバー』[*5]を連想したんです。古いですね。

五野井　いや、古くはないと思います。むしろ的確な洞察《どうさつ》じゃないですかね。『タクシードライバー』はヴェトナム戦争に動員された元兵士が、その後の日々の「戦争」の中で人生が狂っていく。しかもそれが当時進行中だった冷戦構造の中に当てはめられていくという作品でしたね。

池田　主人公のトラヴィスは海兵隊員としてヴェトナムに行って、帰ってきたということになっていて、PTSD[*6]でしょうか、不眠症に悩んでいます。ニューヨークで最底辺のタクシードライバーになるんですが、「自分は本当はたいしたことをやる奴なんだ」という大きな自負心もある、という人物設定でした。それを演じたロバート・デ・ニーロが、四三年後の『ジョーカー』では成功したテレビのコメディ

司教であるローマ教皇を最高指導者に、世界全体で一三億人以上の信徒を有するキリスト教の最大教派。

4　ジョーカー型の犯罪：もはや何も失うもののなくなった「無敵の人」が自己イメージを劇場型犯罪の主人公に投影する犯罪のこと。

5　『タクシードライバー』：一九七六年公開のアメリカ映画。M・スコセッシ監督、ロバート・デ・ニーロ主演。ニューヨークの一人のタクシードライバーを主人公に、現代都市に潜む狂気と混乱を描き出した作品。大統領選がストーリーに組み込まれており、主人公が街頭演説中の候補者に近づくシーンがある。

6　PTSD：心的外傷

ショーの司会者を演じていて、偶然というか因縁を感じます。

五野井　偶然の一致なのかどうかは分かりませんが、ホアキン・フェニックス主演の『ジョーカー』（二〇一九年公開）は、『タクシードライバー』を現在版で描いたらこうなるだろうという、ある種の翻案作品なのだと思います。

　たしかに『タクシードライバー』は戦争の話ですよね。でも『ジョーカー』は戦争の話ではないじゃないかと思われるかもしれないですが、本当にそうなのかと。

池田　五野井さんは今回、山上被告のツイートを読み解いてくださったのですが、そこには『ジョーカー』についての発言が出てきます。でも、ジョーカー型の犯罪ではないかと議論なさったのは、山上被告のものとされるツイートを読む前だった。

五野井　はい。後から読んで驚きました。『ジョーカー』についての発言は本当にたくさん出てきていますね。

　今回の事件に関して、有田芳生《ありたよしふ》さんは統一教会について報道されなかった、報道がどんどんどん規制されていったという意味で「失われた三〇年」という言い方をされています。そういうのとはまた別の意味で、私も「失われた三〇年」という言葉を使いたいと思います。私や山上被告のような今四〇歳ぐらいの、いわゆる就職氷河期世代[*7]における「失われた三〇年」というのがある。

池田　バブルが崩壊[*8]した後に社会に出ていかなくてはならなかったたくさんの若者たちにとって、その後も経済的に厳しい状態がずっと続いた、という意味で

後ストレス障害。戦争、災害、事故、犯罪などで強い精神的衝撃を受けたことに起因し、その体験の記憶が自分の意志とは関係なくフラッシュバックのように思い出されたり、悪夢に見たりすることが続き、不安や緊張が高まったり、辛さのあまり現実感がなくなったりする症状の障害。帰還兵の研究から発見された。

7　就職氷河期世代：バブル崩壊後の一九九一～二〇〇〇年代、雇用環境が厳しい時期に就職活動を行っていた世代のこと。

8　バブル経済の崩壊：一九九〇年三月の不動産融資の抑制措置と、九〇年代初期の日銀による段階的な基準貸付利率の引き上げ、そして九一年五月の地価税の導入により株価は大きく下落し、そ

すか？

五野井　そうです、そういった厳しさを経験した世代がこの日本社会には不可視化され、沈殿しているんです。

池田　有田芳生さんがおっしゃっている「失われた三〇年」というのは、警察も公安もメディアも、合同結婚式[*9]とか壺売りとか、統一教会のことをあれだけ騒いでいたのに、パタッと報道しなくなった。騒がなくなった。そこには政治の力が働いたのだと有田さんはおっしゃっているわけですが、そういう統一教会をめぐる状況という狭い意味での「失われた三〇年」というのとはまた違う……。

五野井　違う部分もあるけれども、それとたぶん連動した形で進んでいる三〇年間。政治においては、たとえば統一教会報道が止まった三〇年間でしたよね。そしていわゆるプレカリアート[*10]や、貧困が内面化[*11]している今の三十代、四十代ぐらいの世代にとっては、「失われた三〇年」というのは自分たちが生きている実感もないし、世の中に必要とされているという感じもまったくない。自分はこの世界では主人公ではなく、脇役に過ぎない、と思って、ずっとアウェーのまま不利な闘いの人生を生きていっている三〇年なわけですね。今の四十代以下の人たちからすると、日本がよかったことなど生まれてこのかたないわけですから。日本がバブルだったときのことなど知らないし、経済は下がっていく一方の中で、就職氷河期で買い叩かれて、それでも就職できればいいほうで、多くは就職できない中でプレカリアート化

れまでの好景気が一転して不況となり、土地や株が急激に値を下げた。財テクに走っていた企業に損失が発生し、企業破綻が増加していった。

9　合同結婚式：正式名は国際合同祝福結婚式。相手は教祖が決める。統一教会の儀式の一つ。「祝福式」と呼ばれ、数万組が同時に挙式することもある。「原罪から解放され、救済が実現する唯一の方法」とされており、信仰生活の最大の目標となっている。参加には事前の修養や献金などさまざまな条件が課される。これにより韓国人男性と結婚し渡韓した日本人女性は約六〇〇〇人とも約七〇〇〇人とも言われている。

10　プレカリアート：precarious（不安定な）

していくというのが実態です。

池田　プレカリアートといえば、その代弁者として発言なさったり、直接支援活動もなさっている雨宮処凛さん[*12]も同世代ですよね。

五野井　広義には同世代だと思いますね。

池田　そして、その世代の中に山上徹也もいる。

五野井　山上徹也被告も、そしてこれから日本がさらに沈みゆく中で出てくるであろう山上徹也被告のような人々もいるということです。

茫漠と広がる絶望、ノー・フューチャー感

池田　山上徹也は、父親が母親にＤＶ[*13]を働く人だったらしいですね。その父親が、徹也が四歳のときに自殺し、お兄さんが小児がんで大きな手術をして片目を失明し、そのお兄さんも三十いくつで自殺してしまう。そういう中でお母さんがそうした悩みにつけ込まれるように統一教会に入っていった。

五野井　こうした家庭内の不和や不安、悩みこそが、統一教会の格好のターゲットになっていくそうですね。

池田　そして、母親は夫の死亡保険金から二〇〇〇万円、三〇〇〇万円と献金し、

と「Proletariato」（賃金労働者階級）からの造語で、パートタイマー、フリーター、契約社員、派遣社員、失業者やニートなどの非正規雇用形態で生計を立てている不安定な立場の労働者のこと。

11　貧困が内面化：貧困に晒される期間が長いと、諦めから努力しても無駄との感覚が当たり前になり、自己肯定感が低下し、負のスパイラルに陥ってしまう。

12　雨宮処凛：一九七五年北海道生まれ。作家・アクティヴィスト。フリーターなどを経て二〇〇〇年に作家デビュー。〇六年から貧困問題に取り組み、取材、執筆、運動を行っている。

13　ＤＶ：ドメスティック・バイオレンス。親し

さらに自分の父親の家屋敷や会社を売って、合計一億円以上の献金をした。そのために山上被告は、みんなが大学に進学するような奈良の進学校に行ったのに、大学に進めなかった。

五野井　きわめて優秀な学校に行っていたんですよね。

池田　父親は京都大学を出た技術者だし、親族にも医者や弁護士など、学歴があってこそ進めるキャリアの人々が多い。その中で、本来お金があるはずなのにない、という理不尽な状況により大学に進めなかった。そして自衛隊に三年だけ行きますが、その間に自殺未遂を起こしている。

でも、山上徹也は自衛隊から帰ってきてがんばるんですよね。いろいろな資格を取って、なんとかやっていこうとする。

五野井　職を転々としながらですよね。まるで永山則夫《ながやまのりお》元死刑囚のように。測量士補を取ったり、宅建を取ったり、フィナンシャルプランナーを取ったりと、とても多様な資格を取っていますね。

池田　事件前の最後の仕事になったフォークリフトの運転手も、資格が必要ですね。こんなに全然違う分野の資格を取るというのは難しいと思うんですが。

五野井　やはり頭がよい方なのでしょうね、とても。

池田　地頭がいいし、がんばる方だったんですよね。

五野井　これは皮肉なことなのですが、人一倍がんばれてしまったこともたぶん悲

い人間関係における暴力や攻撃的行動。「家庭内暴力」の意。男性から女性のケースがほとんど。身体的なものの他に経済的、心理的、性的な加害行為がある。

劇の誕生なのだと思うんです。後で議論しますけれども、山上被告はいわゆるプレカリアートのロスジェネ世代[14]なんですね。私もそうですけども、この世代というのは、新自由主義の自己責任論[15]が埋め込まれているので、自分がうまくいっていないのは、まだがんばりが足りないからだと思ってしまう。そうなると、もっともっとがんばって一生懸命いろいろな資格を取ったりするのですが……。

池田　それが「悲劇の誕生」なんですね。

五野井　そうなんですよ、社会構造によって人為的に作られた悲劇なのですが、自分のせいだと思ってしまう。というのも少なくとも資格を取れば形式的にはキャリアは広がっていくわけですし。

池田　ただ、宅建とフィナンシャルプランナーは繋がっていますが、あとは方針がない感じがします。

五野井　でも、パッと見るとその時代の時々で役に立つであろうとされた仕事、つまり手堅いとされるものを取っていますよね。だからそういう点でいくと、普通に暮らすこともできたはずなんですが、それを邪魔していったのが彼のさまざまな出自であったりとか、家族との関係であったりとか、統一教会との関係であったりとかだったと思うのです。

椹木《さわらぎ》野衣《のい》さんという評論家がマンガ家の岡崎京子論として『平坦な戦場でぼくらが生き延びること』[16]（筑摩書房）を書いていて、二〇〇〇年代によく読まれたんです

14　ロスジェネ世代：バブル崩壊後の一九九一年代後半から二〇〇〇年代前半の「就職氷河期」に就活を行い厳しい時代を生き抜いてきた世代のこと。

15　自己責任論：努力した者はその結果として裕福になり、努力しなかった者はその結果として貧困に陥るという考え方。

16　『平坦な戦場でぼくらが生き延びること』：椹木野衣の漫画家・岡崎京子論。「平坦な戦場で僕らが生き延びること」(HOW WE SURVIVE IN THE FLAT FIELD) は、岡崎京子の代表作の一つ『リバーズ・エッジ』で、アメリカ合衆国の作家ウィリアム・ギブスンの詩 THE BELOVED(VOICES FOR THREE HEADS) から引用した一節である。

が、一九八〇年に生まれて、たぶんいま推定四二歳の山上被告の人生って、先ほど池田さんが『タクシードライバー』を思い出したとおっしゃいましたが、山上被告のようなプレカリアートのロスジェネ世代にとっては、日常って戦争なんですよ。日常自体がもうね。なんというかちゃんと生きている気がしない。

まさに平坦な日常なんだけれど、その平坦な日常こそが最も過酷な戦場で、自己責任だし、誰にも頼ることはできないし、その中でこの日常を日々脱落しないでどうやって生き残っていくのか。

しかも、日本っていろいろなものが均一化していったじゃないですか。田舎であれ都会であれ何であれ、ようするにすべてが、郊外の風景も含めてスプロール化[*17]していく中で、昔だったら、それこそ社会学者の故見田宗介《みたむねすけ》さんが『まなざしの地獄』[*18]（河出書房新社）で描いたとおり、かつては都市の悩みだったものが日本全体に広がっていくんですね。そういう中で進学校に彼は通っていたわけだから、友人たちが「いいほう」に進んでいる中で、なぜ自分はうだつのあがらないままなんだろうと自問自答していったのでしょう。そこで、努力していろいろな資格を取るんだけれど、うまくいかない。これは自分の努力が足りないのかもしれないというところから、いや、これは自分の能力だけではどうにもならない何かがあるんじゃないか——のちほど解説していきますけれども、そうした中から、山上被告のものとされるツイートの端々に表れているような社会に対する恨みであったりとか、自分の

17　スプロール化：都市の急速な発展によって、市街地が無秩序、無計画に広がっていくこと。

18　『まなざしの地獄』：貧困の底から中卒で上京し、自由な存在であろうと願いながら果たせなかった少年（永山則夫元死刑囚）が市民四人を射殺し日本中を震撼させた事件を手がかりに、一九六〇～七〇年代の高度経済成長期前後の日本社会の階級構造と、それを支えてきた都市に生きる個人の、生の実存的意味を浮き彫りにした戦後日本社会学の古典的論考。現代の若者たちを苦しめる「ルッキズム」のような外見至上主義や、実際には存在しない、もしくはささいな外見上の欠点にとらわれてしまい、多大な苦痛が生じ日常生活に支障をきたす「醜形恐怖

人生を狂わせた統一教会に対する恨みであったり、自己への煩悶《はんもん》といったものが非常に明晰に出てくるんですね。ツイートを見るとそうした思考の過程が読み取れるので、だから心が病んでいるとかということはまずあり得ないというのが私の見解です。

池田　私もツイートに目を通しましたが、思考が飛躍しているとか、辿れないとか、そういうことはありませんでした。

五野井　「安倍」を「阿部」と記していたくらいで、誤字脱字もほぼないですし。

池田　むしろ明晰な感じで。

五野井　もちろん、人を一人殺《あや》めるということは、それが別に安倍さんであれ誰であれ、一国の元首相であれ一般の人々であれ、何らかの論理の飛躍は当然あるのだけれども、だけどその飛躍というものが著しく心を病んでいる飛躍かと言われれば、たぶんそんなことはなくて、「失われた三〇年」に青春を過ごし、不遇な人生を送っているわれわれからすれば、「まあ、こうなるよね」ということが残念ながら辿れてしまうんですね。

　しかもそれはロスジェネの三十代後半、四十代に限った話ではなく、その下の、九〇年代以降のロスジェネ世代より下の世代も持っている、ある程度共通の心性だろうと思うんですね。

　たとえば近年も映画『ジョーカー』を見て模倣した人がいましたよね。当時二十

症」などの問題を先取りしている。

19　「自動自殺機」：木城ゆきとの代表作であるサイバーパンクのマンガ『銃夢』では、生きることに疲れた人々のために「最終喜械（エンドジョイ）」とよばれる、公園などに設置された自動の「公衆自殺機械」が登場する。

20　「サルコ（Sarco）」：オーストラリアの元医師フィリップ・ニチキが開発した世界初の3Dプリント製の自殺幇助装置で、スイスでその運用が合法化された。

21　ノーフューチャー：「未来がない（No Future）」こと。セックス・ピストルズの代表曲「ゴッド・セイヴ・ザ・クイーン」の歌詞の中で叫ばれ

代半ばだったと思います。映画『ジョーカー』のアーサーの衣装というよりは、スーツがより濃い紫色で過去シリーズに近いミメーシス（模倣・一体化）であったところも、興味深い事件でした。

池田　二〇二一年のハロウィンの夜に、走行中の京王線の電車の中で人を刺し、油をまいて火をつけました。映画『ジョーカー』にも電車の中のシーンがありますが、犯人はジョーカーのコスプレで刃物を振り回した。複数の人を殺せば死刑になる、というのが犯行の動機でした。

五野井　とにかく人生がつらい。今後人生が上向く予定もない。だからいっそのこと自分とは関係のない人でも殺して国が死刑にしてくれるほうがいい、という心性が一定層に蔓延《まんえん》しているのではないでしょうか。それに刑務所では衣食住だけは無料で提供されますし。ただ、みんな今のところ何とかがんばって一線を越えないように踏みとどまれているだけで、いつ決壊するか分からない感じです。いくつかのSF小説や『銃夢《ガンム》』（講談社）という近未来を描いたマンガでは、自動自殺機[*19]が出てきますが、生きることに希望を失ったわれわれの世代には、死ぐらいしか解決策がない。ジャン＝リュック・ゴダールも安楽死したスイスでは「サルコ（Sarco）」[*20]というカプセル型の安楽死機械が出来たのですが、まだ実用段階ではなく、そしてどうせ実用化されても一般庶民には行き渡らない。「あーあ、ノーフューチャーだな」[*21]ということを今回、お話をしていきたいんです。

ており、おもに労働者階級が共感的に受容したパンク・ムーブメントの精神を最も表現している。

一九九〇年代から二〇二〇年代までの日本社会は「失われた三〇年」と言われる。それは同時に山上徹也被告の人生そのものにとっての「失われた三〇年」だった。

五野井　九〇年代から二〇二〇年代までというのが「失われた三〇年」だと先ほどから論じているのですが、実はそれは、山上徹也被告の人生そのものにとっての「失われた三〇年」でもありまして。

池田　一〇歳ぐらいから四〇歳ぐらいまでということですね。

五野井　はい。つまり物心がついた頃からずっとということです。山上被告にとって人生を狂わせたのはすべて宗教だし、親を奪ったのも宗教なんだけれど、今回はその矛先《ほこさき》が……。

たとえば私の場合はその矛先は自分の親のほうに向いて、両親とは絶縁をしていくんですけれども、山上被告はそっちには行かないで、宗教とその広報役だと山上被告が考えた安倍さんのほうに向いたんですね。あとは社会と言ってもいいかもしれませんけれど。

池田　お母さんが何千万円、何千万円と巻き上げられていくことについては喧嘩もした、とツイートに書いてありますが、お母さんへの人格攻撃はしないんです。

22　反日勢力：右派や保守が、日本への敵愾心や嫌悪を持っていると考える思想や主張、政策を唱える立場に対して侮蔑的に呼ぶ表現。左派やリベラル、マイノリティらを広範に指して使用される場合が多い。

23　右傾化：政治的に保守的な考えに変化し、思想や外交姿勢などが右翼的傾向を強めること。排外主義やマイノリティ差別の横行がこれに当たる。さらに悪化すると国粋主義や軍国主義、全体主義的へと傾斜する。

24　反リベラルや反左翼：本来はリベラルの反対は保守、左翼の反対は右翼だが、近年の日本では、別に保守や右翼思想を持っていなくても、リベラル（自由主義者）や左派（平等主義者であり

五野井　たしかに、まったくもってしないですよね。見田宗介さんの『まなざしの地獄』で分析対象となっている永山則夫元死刑囚が、自分の母親をまるで赤の他人のように突き放しているのとは対照的です。

池田　むしろ母を支えようとしていたように見えます。たとえばこんなツイートがあります。

「オレが集団としての韓国人を許すことはないし、それに味方する日本人を許すこともない。父と母と兄と妹と祖父にかけて」（2019-12-7）

　このような言い方で「大切な人たちにかけて」と言うとき、母を除外していないのです。また、山上がまず第一に憎んでいたのは統一教会ですが、それがときどきこのように韓国人全体に振れたりする、ということでいいですか？

五野井　だけどそれは、もちろん統一教会憎しで漆身呑炭《しっしんどんたん》、という部分もあると思いますが、すごく残念なことを申し上げると、ロスジェネの人たちで雨宮処凛さんらが切り拓いたプレカリアートユニオンのほうに行った人、あるいはれいわ新選組のほうに目が向いて選挙民主主義や直接民主主義に目覚めた日本版「ウォーク（Woke）」カルチャーの人はよかったんだけれど、そうじゃない人たちというのは、かなりの場合、国内社会の改良といえば、国内の「反日勢力」[*22]や「売国奴《ばいこくど》」を駆逐することだと考える右傾化[*23]へ舵《かじ》を切っているように感じます。

　たとえば反リベラルや反左翼[*24]、それに、これまでのネットのすり込みで韓国や中

本来はリベラルとは異なるが日本ではリベラル＝左派と一括りにされる）の主張のみを嫌う政治的なポジションのこと。

国などの東アジア諸国に対する反感の感情を持っていると思います。だから、おそらく彼に統一教会に対する恨みなどなくても、同様の思考や発言をしていたのではないでしょうか。残念ながら安田浩一さんによる『ネットと愛国』[*25]（講談社＋α文庫）などの議論を借りれば、この三〇年の間にヘイト[*26]というものが一般の人の中で浸透したんですよ。

池田　でも、こういうことは言えませんか？　東京の新大久保のコリアンタウン[*27]に若い人たちがたくさん遊びに行きます。そういうK－POPファンの女の子たちをKポペン[*28]と言うのですが、彼女たちが大好きな新大久保の街にヘイトデモをかけてくる差別主義者の一群がいた。それに対して、Kポペンたちがまず怒った。それが二〇一三年ぐらいです。

五野井　Kポペンの行動はあのときも今も希望ですね。

池田　つまり、韓国に対する苛立ち、怒りを蓄積して嫌韓・反中[*29]の方向に行く人たちと、そういう偏った見方をせずにただもう「素敵」「かっこいい」とK－POPに惹かれていく人たちと、五野井さんたちロスジェネの世代には二つあるのでしょうか。

五野井　私より下はほぼ全部そうですね。しかもそれが非常に歪《いびつ》な分かれ方をしていて、たとえば中国に対してはそういう感情は持っていないが、韓国に対してはそれこそ二〇一五年暮れの日韓合意[*30]を反故《ほご》にしたから許せない、ということを普通に

25　『ネットと愛国』：差別的な言葉を使って街宣活動を行う、日本最大の市民保守団体、在特会（在日特権を許さない市民の会、現在の日本第一党）のレイシズムの源泉に迫ったジャーナリスト・安田浩一による著作。

26　ヘイト：ヘイトスピーチ（憎悪表現、差別煽動表現）のこと。

27　新大久保のコリアンタウン：大阪府の鶴橋とともに、東京都新宿区百人町を中心とする韓国系やエスニック系の飲食店や食品スーパー、韓流グッズ店がひしめき合っている街。二〇一〇年代前半には差別主義者によるヘイトデモのターゲットになったが、市民らが立ち上がりヘイトデモを押し返した。

さらっと言う二十代、三十代、四十代っていっぱいいるんですよ。今までだったら「中韓」というふうにセットでヘイトの対象になっていたんですけれど、政府方針もあって、今は「中」は外れて韓国のみという感じですね。

池田　山上被告にも、中国は大国だ、侮《あなど》れないという意識が濃厚です。

五野井　交渉が難しくなりつつある国は、しだいにヘイトの対象から外れ、畏怖《いふ》の対象になります、ウクライナ戦争が始まる前までの日本国内での対ロシア世論がそうだったように。

池田　「もし中国が欧米式の民主主義国になれば、日本の外交内政は劇的に変わる。北朝鮮は崩壊し統一朝鮮が登場するかもしれない。日米安保（＝沖縄基地問題）も再考される。嫌中感情で済む話じゃないよ」（2019-11-17）というツイートもあります。

五野井　そうなんですよ。いわゆる俗流の右翼やネット右翼[*31]が中国と韓国をまとめて言うということがありましたが、山上被告には俗流の右翼のような雑な分析はない。だから彼のターゲットは統一教会のみだとも言えるわけですが、それ以外に、もともとこのロスジェネの人たちが持っている、社会全体に対する感情というものもあるんじゃないかと思いますね、それこそ『ジョーカー』のアーサーのように。

池田　なるほど。それで五野井さんは今回の事件について「他人事《ひとごと》とは思えない」とおっしゃっているわけですね。

五野井　そうです。これはやはり、私も含めて四十代から下の人間、今二十代、

28　Kポペン：韓国のポピュラー音楽コリアン・ポップスをKポップと略し、それにファンを意味する韓国語の「ペン」をつけた造語。

29　嫌韓・反中：いずれも旧来の日本の植民地支配の頃の支配下地域に対する見下しに加えて、日本が政治・経済的に追い越される中で近年人々の間に醸成されてきた。

30　二〇一五年の日韓合意：日韓基本条約締結五〇周年に当たる二〇一五年、日韓両政府が発表した旧日本軍による慰安婦問題を巡る合意。日韓両国政府が慰安婦問題を「最終的かつ不可逆的に解決させること」で合意した。

31　ネット右翼：ネットに頻繁に書き込みをする

三十代のまさに失われた三〇年間を現在生きている若手からすると、私なんかたまたま研究者になったりして文章も書いていますけれど、それは古谷経衡《ふるやつねひら》さん[*32]といい私といい、たまたま運がよかっただけで、山上被告のように感情の矛先が安倍元首相に向かったり、社会に向かったり、弱者に向かったりということは全然おかしくないどころか、普通に考えられることですね。

池田　そこにはすごい断絶がありますけれども。

五野井　もちろんあるのだけれども、だけど皆さんが思っているような渡れないほど幅の広い川、深い川が流れているわけではなくて、かなり狭い、飛び越えられる、一瞬「もう何でもいいや」「すべてどうでもいいや」と思った瞬間に振り切れてしまうようなことというのは、大いにあるんじゃないかと思います。

池田　五野井さんがそうおっしゃるのは驚きです。雨宮さんの本にも、ロスジェネ世代の傷ついた人たちがたくさん出てきますが、その心情はかなり普遍的と考えるべきなのでしょうか。

五野井　もちろん、何かあったときに積もり積もったものがバーストする可能性があるからといって、人を殺していいわけでは当然ないんですが、これに関してはヒントとなる用語があって、それは『ジョーカー』の主人公アーサーなどに対する呼び名として使われる「無敵の人」[*33]という言葉です。山上被告のツイートにもこの「無敵の人」を彷彿《ほうふつ》とさせるものがいくつか出てきます。

右翼的思想の人々。排外的（反中、嫌韓）で反知性主義的（反エリート、反マスメディア）。実数は少なく、ネットユーザーの一パーセントほどという。男性が多く、高所得層を含むあらゆる階層に存在する。

32　古谷経衡：一九八二年札幌市生まれ。文筆家。ネット保守、若者論、社会、政治、サブカルチャーなど幅広いテーマで執筆評論活動を行っている。

33　「無敵の人」：人生に絶望し社会的にも失うものが何もないために、自暴自棄になり、犯罪を起こすことに何の躊躇もない者のこと。

池田　「無敵の人」とは、何も失うものがない人という意味の言葉ですね。

五野井　はい。そういう人のことを「無敵の人」と言います。山上被告は、まさに無敵の人になる直前の状態だったわけです。

彼は、丹念に研究して自作の銃をかなり短期間で完成させ、火薬を干すための場所まで借りていた。しかしお金が尽きて借金もあって、クレジットカードも止められるし返済もできないという中で、いよいよ家計も立ちゆかなくなっていく、つまり立ち退かなくてはいけなくなってしまうからということで彼なりのタイムリミットで凶行に及んだわけです。映画『ジョーカー』では、新自由主義政策の一環である社会保障の予算カットで、主人公のアーサーはカウンセリングや、それまで処方されていた薬へのアクセスを失います。でも、彼の心を摩耗させる出来事が重なった後、こう言うのですよね、「薬をやめた、すごくいい気分だ」と。

つまり、「無敵の人」というのは、政治や社会によってなされるべき支援や救いの手が断たれたときに、それを受動的に「薬をやめさせられた」のではなく、自分が主体的に「薬をやめた」のだと、いじましく自己解釈してゆく、どこまでも自己責任化する主体です。こうして選択肢が政治や社会構造によって断たれたのに、さも自分の選択の結果だと再帰的[*34]に自己自身に思い込ませ納得させることで、そういう「ああ、じゃあもう何も失うものがなくなっていくね」という、そういうときに出てくる感覚なのです。

34　再帰的：自分のふるまいに対して、すでに社会で存在している説明を参照して意識しながら行為する自覚的な態度。

まさにこのような心情にあったであろう山上被告について保守だ、リベラルだといろいろ言っている人がいますが、たぶん一概には保守やリベラルといった既成の概念では単純に線引きできない。それこそ自己責任論が吹き荒れた新自由主義時代[*35]の、もっと同時代的な感覚だと私は思っているんです。

というのも、彼の主張を丹念に見てみますとね、まずアンチフェミニズム[*36]だし、そういうジェンダー的な意味では分かりやすく保守だとも言えそうです。安倍政権も擁護するし、ロシアも擁護したりしているんです。

他方で、だったら政府のやることすべてを擁護するかというとそんなことはなくて、やっぱり反権力だったり、反政府だったり、反NHKだったり、反安倍さん的な発言もずいぶんしている。この相反する感情が入り乱れる感じはNHK党[*37]などが伸びている理由でもあるんですが、なぜNHK党が伸びて、ガーシー氏[*38]みたいなとんでもない炎上商法で稼ぐ人に票が入って参院議員にまでなれてしまうのかというと、私たちの世代からしたら政治というのは、パンとサーカス[*39]でいいんですよ。政治は自ら参加するにはあまりにも遠いものとして映っていて、参加するのではなくて、ネットの掲示板やツイッター等を通じて消費するものなのですよね。もうそれくらいしか楽しみなんてない。何も、何もない。

今はわれわれの世代から下にとっての楽しみって何かといいますとね、それこそ政見放送でちょっと面白いこと、つまりとんでもないことを言うような、たとえば

35　新自由主義：ネオリベラリズムのこと。国家による福祉・公共サービスの縮減と民営化による「小さな政府」と、大幅な規制緩和、市場原理主義の重視を特徴とする立場で、貧困層の排斥といった弱者の切り捨てと自己責任論を主なその特徴とする。英国のサッチャー政権によるサッチャリズム、米国のレーガン政権によるレーガノミクス、日本での中曽根政権以降の民営化と労働組合潰しが代表的である。

36　アンチフェミニズム：フェミニズムに反対する思想や運動のことを指し、バックラッシュとも呼ばれる。「社会はフェミニズムに毒された女たちによって実質的に支配されており、男たちは使い捨ての奴隷になっている」との主張を展開し

ポリティカルコレクトネス[40]を平気で無視するような人が国会議員になったら面白いんじゃないか、とかね。かつて故石原慎太郎[41]が「歯に衣着せぬ」ヘイト発言でウケたときよりももっと悪化していて、みんなが心の中で思っていても言えない本音を公の場で言って、社会を動揺させたり、かき回してくれるんじゃないか、いっそのこともっとぶちまけてくれ、とかね。そういうふうな、後先考えない人たちなんですよ。今この瞬間がよければいいという。だって当たり前ですよ、一日後、二日後、三日後に自分が生きているという保証があるわけじゃないんですから。

池田　成《なり》田《た》悠《ゆう》輔《すけ》氏のベストセラー『22世紀の民主主義』（SB新書）の帯に「言っちゃいけないことはたいてい正しい」とあります。ああいう言論がもてはやされるわけですね。

　山上被告は犯行の日がかなり近づいてから、**「もう何をどうやっても向こう2〜30年は明るい話が出て来そうにない」**(2022-6-12)と書いていました。

五野井　そういう感覚だと思います。それは、何て言ったらいいのかな、たぶんいろいろな言い方があると思うんですけれど、たとえば東京事変の「閃光少女[42]」という歌は、一見すると一瞬一瞬この瞬間を生きるという内容です。確かにそれはポジティブに考えれば「日々を丁寧に生きる」「瞬間を丁寧に生きる」ということになると思うのですが、そうではなくて、もうこの瞬間に振り切るし、別に明日のことなんか考えてもしょうがない、だって明日も生きているかどうか分からないし……と。

ている。

37　NHK党：典型的なポピュリスト政党の一つで、日本放送協会（NHK）のスクランブル放送化実現を公約に掲げる単一論点政党。

38　ガーシー：東谷義和。一九七一年兵庫県生まれ。暴露系YouTuberで、二〇二二年の参院選にNHK党から立候補して当選。当選後もドバイに在留し国会への欠席を続けたため、参院は二〇二三年二月二二日の本会議で「議場での陳謝」を科す懲罰を可決した。

39　パンとサーカス：指導者が食料と娯楽を民衆に振る舞い、民衆の政治的無関心を招いたローマ帝国の末期を象徴する言葉。古代ローマの諷刺詩人ユウェナリスが用いた。

池田　そういう意味なんですね。

五野井　作詞した椎名林檎《しいなりんご》さんがどう考えていたかは分からないですが、四十代より下の世代はそう受け取る場面もあるだろうなと思います。だって、もはや今日を生きる日銭すらないわけですからね。それこそ榿木野衣さんも岡崎京子の『リバーズ・エッジ』（宝島社）という作品について、こう描写しているのです。

それは飾るべき飾られるべき生を持たず、持つこともできず、持とうともせず、それどころか、そのような人生がかつて存在したのにも気づかない。彼や彼女の漠然とした、けれども、確実に救いようのない不安の産物なのだ。この不安をなんとか覆い、隠し、そこに意味などなくても、せめて感覚だけでも発生させ、一日もそれを絶やさないことで、かろうじて明日を迎えようとする、――それもまた生きるための作法の一種となったのかもしれない。（榿木野衣『新版　平坦な戦場でぼくらが生き延びること　岡崎京子論』イースト・プレス、二〇一二年、一四二頁）

これは過食症の主人公の一人について、たとえ食べた後にすぐ吐いてしまうとしても、それがかりそめに過ぎないと分かっていても、その一瞬の満腹感さえ抽出できれば、なんとかその日はしのげるというか、その瞬間だけでも今日の自身の生を

40　ポリティカルコレクトネス：人種・宗教・性別などの違いによる偏見・差別を含まない、中立的な表現や発言の正しさのこと。

41　石原慎太郎：作家・政治家。衆参両院議員、環境庁長官、運輸大臣、東京都知事を歴任した。環境庁長官時代に熊本の水俣病の患者施設を視察し、患者からの抗議文を読んで、「これ（抗議文）を書いたのはIQが低い人たちでしょう」「補償金が目当ての〝偽〟患者もいる」と発言し、結局、患者らの前で土下座。その後も「三国人」発言などで日本に差別排外主義を浸透させた。

42　「閃光少女」：作詞・椎名林檎。二〇〇七年にアナログ盤『娯楽（バラエティ）増刊号』に収録

この世につなぎ止めようとする、「閃光少女」から読み取れるのはそんな態度ですね。そして何とかして毎日をやり過ごす瞬間を重ねていく。しかし、そんなふうに日々を生き残ることを、山上被告はある日やめると決意したのでしょう。

池田　アメリカの学園映画で、「今を生きろ」という意味のラテン語の「カルペ・ディエム」という言葉をテーマにしたものがありました。邦題は『いまを生きる』[*43]だったと思いますが、ああいうものではない？

五野井　残念ながら、ああいうものではないです。その逆ですよ。まったく逆。神聖かまってちゃんの「夕方のピアノ」[*44]なんかも、「死ねー！」を連呼するという、一見、強烈にネガティブな曲なんですが、あの歌は反語で「生きろー！」という励ましになっていました。本来はそのはずなのですが、今のロスジェネからZ世代までにとっては、もはや反語表現としては受け取れないのではないか、そんな余裕もなくなっている気がします。

池田　逆なんですね。

五野井　反語の反語として使っているわけです。一周回って結局ストレートにマズい意味に受け取るようになっている。それくらい弱っているんですよ。
だから、これは何を意味するのかというと、すごくゾッとするかもしれないですけれど、ようするに、この山上被告という人は「失われた三〇年」という時代の犠牲者なんです。それなりに勉強もできて、だから右派的な中にもリベラル的な傾向

され、CD化されたアルバム『スポーツ』に二〇一〇年に収録された。

43　『いまを生きる』：一九八九年公開。P・ウィアー監督、ロビン・ウィリアムズ主演。厳格な全寮制の高校で、英語教師が文学を通じて生きることのすばらしさを伝えようとする。

44　「夕方のピアノ」：日本のロックバンド・神聖かまってちゃんの一枚目のシングル。ジャケットに腕をリストカットした直後を思わせる写真が使用されている。実在の人物に向けて「死ね」と連呼する際どい歌詞だが、四〇〇〇枚の限定生産でありながら、発売一カ月前に予定枚数を完売した。

もあるし、それでいて漠然と広がる絶望感みたいなものがある。そういう奈落のように深い絶望とノーフューチャー感の中で、右派的なことも言うけれどもリベラル的なことも言うし、あるいは安倍支持的なことも言うけど、でも「石破もいいね」みたいな話もする。あるいは女系天皇支持だったりとかね。日本学術会議問題についてしっかり政府批判もするし、自分自身が生活保護に近い距離にあるから、生活保護問題で行政はよくないねという行政批判なんかもちゃんとするんです。でも、四十代前半なのに、人生をたたむ準備段階に入っている。後ろ向きな終活を四十代なのにやっている感じです。

池田　ネトウヨが、[*45]日本学術会議が『赤旗』を購入していたというので叩いていることに対する、「赤旗がメジャーなのは思想と無関係にスクープ飛ばすから。それが他の新聞に混じ《ママ》って何度か資料になったから『共産党と特別な関係』ってホント馬鹿だよね。頭冷やした方がいいよ」(2020-10-18)といったようなツイートですね。

五野井　だから、きわめて辛辣《しんらつ》なことを言うわけですね。たとえば、「世間を支配するのが虚の中で、安倍政権の虚実から実だけを取ったらこうなったのだろう」(2021-12-8)と、当時首相だった菅義偉さんを厳しく評価しています。

池田　これは、菅政権が出来たばかりのときですね。

五野井　続いて、「人間なんてこんなものだと最近ヒシヒシと感じる。世界を支配するのはデタラメ、表層しか見ない無関心とそれに基づいた感情、最後まで生き残

45　ネトウヨ：ネット右翼のこと。49ページ注31参照。

46　2ちゃんねる：ひろゆき（西村博之）が開設した日本最大級の匿名電子掲示板サイト。犯罪や差別主義を助長し、二〇一五年からひろゆきが運営している英語版の4chanからはQアノンとその支持者が発生、のちの連邦議会議事堂襲撃事件の一端を作った。

47　ひろゆき氏みたいに：「2ちゃんねる」の中傷書き込みを巡る裁判の敗訴による賠償金支払いを時効まで逃げ切ると公言、海外のペーパーカンパニーを設立する手法を駆使して差し押さえを回避、数十億円ともいわれる賠償金は現在まで被害者に支払われていない。

るのは搾取上手と恥知らず」（2021-12-8）だけなんだって言っているんですね。これはもう本当にわれわれの時代の感覚です。たとえば、2ちゃんねる[46]の創始者のひろゆき氏[47]みたいに、訴訟をいろいろな形で受けて、それを踏み倒して逃げて、結果、逃げ延びて勝ったと宣言しているような人のことを指しているわけでしょうね。勝ったのではなく、不払いのままですよね。「不払いがあっても民法上は請求権がないから」と言って居直って、今でも識者として生き延びている。ああいうような人。

池田　私はそういう人を見るとずるいと思ってしまいますが、最近では若い人の憧れみたいな感じになっていますよね。

五野井　しかし山上被告からすれば、そういう輩は、当然「搾取上手」だし「恥知らず」だと。それは二度も名指しされているＤａｉＧｏ氏や、おそらくホリエモン[48]氏もそうですよね。

池田　評価が低いですよね。彼の中では。

五野井　それはたぶん山上被告からすれば、今挙げたようなひろゆき氏もそうだし、堀江貴文氏もそうだし、ガーシー氏もそうだし、あるいは三浦瑠麗《みうらるり》氏[49]なんかもそうかもしれないし、落合陽一氏[50]なんかもそうかもしれません。要はそうやって恥知らずに、厚顔無恥《こうがんむち》に、その時代時代に迎合して、政権側やマジョリティの側が気持ちよくなるうまいことを言って波に乗れる奴が表面的には勝っていくように見える。けれども、結局そういうデタラメを平気で言う奴というのはどうなんだ、という心

48　ホリエモン：堀江貴文、実業家。ライブドア事件で逮捕、釈放後にインフルエンサーとして復帰した。

49　三浦瑠麗：タレント。在阪コリアンの住民を「スリーパーセル」とスパイ呼ばわりし、「ソウル、東京、大阪に潜んでいます。いま大阪がヤバいといわれる。首都よりほかの大都市が狙われる可能性がある」と発言、扇動した。

50　落合陽一：研究者、メディアアーティスト。命の選択に繋がりかねない後期高齢者医療費の削減について「背に腹はかえられないから削ろうという動きは出てますよね。…今の長期政権であれば実現できるんじゃないかと思う」という趣旨の発言をし、後ほど訂正した。

の叫びを山上被告の「継続反復して若者の無知や未熟に付け込んで利用して喜んでるような奴は死ねばいいし死なねばならない。生かしとくべきではない。それぐらいは言っとく」(2021-2-28)というツイートを見ていると非常に感じるんですね。

山上徹也被告のイデオロギー形成——ネオリベラル的な自己責任論と強烈な弱者自認、しかしインセルではない

五野井　では、この山上被告がどういうふうにイデオロギー形成されていったのかというのを見ていきたいと思います。

実は、彼にはおそらく相当にサブカルチャーの影響もあると思っています。というのは、山上さんとされる方のツイートを見ると、とても分かりやすく反米保守[*51]なんですが、これはきちんと外交史や歴史学を学んだ反米保守ではなくて、いわゆる九〇年代以降のサブカルで描かれているアニメ的な言説の反米保守なんです。

たとえば、「この国の政府が人民の幸福の為に存在した事は有史以来一度もない。明治においては列強に劣らない強国になるため、戦後においてはより強者だったアメリカの制度に順応するため。より強い者に従うために作られた政府がより弱者である人民の為に働く事を自ら理解する事は無い」(2021-7-5)という、苛烈なほどの

51　反米保守：反米の立場の右派、保守のことを指す。対義語は親米保守で、CIAと関係のあった岸信介や安倍晋三等は親米保守の系譜にある。

52　『攻殻機動隊』：士郎正宗によるSF漫画。雑誌掲載は一九八九年。フィリップ・K・ディックのSF小説『アンドロイドは電気羊の夢を見るか？』(映画は『ブレードランナー』)に近い世界観だが、『ブレードランナー』やレイ・ブラッドベリ『華氏451度』の主人公が体制と闘う反体制側であるのと異なり、主人公は公安九課という体制側による治安維持の役割を担っている。また作中で、アメリカは「合衆国」と「米帝」、プーチンを崇拝するQアノンとトランプ主義者の存在を予言したかのような「米

シニシズムがあるんですが、まさにこれは『攻殻機動隊』[*52]やそのジェネリックみたいな二〇〇〇年代以降のアニメの作品群などでよく使われる表現なんですね。『攻殻機動隊』は士郎正宗《しろうまさむね》作の日本発の漫画で、それがまず押井守《おしいまもる》監督によるアニメ映画になって、そののち深夜アニメの『STAND ALONE COMPLEX』という作品になるんですが、そこに描かれているのは保守なんだけど反米なんです。ただ、アメリカのことを「米帝」[*53]と言うという点では、ある種の左派とも近いんですね。旧来の左派とも共振するような形だからこそ、「アメリカの支配はよくない」という言い方をするわけですね。

アメリカのような列強国に隷従せずに、「一身独立して一国独立す」というのは、もともと福沢諭吉なども言っていたことですが、上の世代のように政府のやることすべてを疑ってかかるわけではなく、手放しとまでは言わないまでも、自分の立ち位置を体制側に置いた上で、正しき政府や官僚に対する期待も併せ持っている。ようするにリアリスト気取りなんですね。だからそれが反転すると、その矛先はリベラリズムや理想主義に向くため、それらを嫌っていくことになる。こういう人、よくいますよね。

実は、今二十代から四十代までのプレカリアート系や自ら選び取っているミレニアル・Z世代系じゃない人たちの傾向というのは、分かりやすく言えば「リベラル嫌い」だし、「SEALDs嫌い」[*54]なんです。SEALDsは二〇一五年の安保の頃に、が

露連合」に分裂しており、対米追従をしている日本政府がアメリカの影響下から独立する方途を探る箇所が日本人視聴者のナショナリズムをくすぐる。
同作品はバーブルックとキャメロンによるサイバースペースと加速主義の方向性を決定づけた一九九八年の論文「カリフォルニアン・イデオロギー」にも影響を与えた。

53　米帝：「米帝国主義」すなわちアメリカ帝国主義のこと。アメリカが日本やその他の影響圏の国々に対して、実質的には経済的植民地主義とも言うべき宗主国のように振る舞っているため。

54　SEALDs：集団的自衛権の一部行使を可能にする安保関連法に反対するために二〇一五年五月から一六年八月まで時限

んばってその後の野党共闘の素地を作った学生団体ですが、山上被告のツイートにもSEALDsに対する揶揄《やゆ》が出てきます。彼はこう書いています。

「SEALDs…あれは一体何だったのだろう。米中冷戦やウクライナ戦争を見ても安保法案は立憲主義の破壊で安倍はヒトラーなのだろうか」（2022-5-6）と。

池田　そうではないと言いたいわけですね。

五野井　ようするに自衛隊法改正案など一〇の法律の改正案を一つにまとめた「平和安全法制関連法案[55]」がありましたけど、あれは必要だったんだと言っているわけですね。ウクライナ戦争を見て、もしかしたらロシアが南下してくるかもしれないという意識もあったんでしょう。余裕のあるリアリストであれば、当時学生だったのに頭の硬い大人たちを説得して野党共闘の器を作り、日本で社会運動を再び一般化させるのに一役買ったSEALDsの業績は冷静に評価できるはずです。しかし非難することでしか自己を保てない「余裕のないリアリスト」たちには、こうした評価は難しいでしょう。

　また彼が引用しているツイートは、SEALDsの元女性メンバーに誹謗中傷を送った相手に対して女性メンバーが勝訴したという内容ですが、山上被告は誹謗中傷した側に自身のポジション取りをして書いている。ここにはある種のインセル[56]さ、反フェミニズムの流れがすごくある。この点は確認しておきたいと思います。

池田　山上被告のツイートには、インセルという言葉がたくさん出てきますね。

を区切って活動していた学生団体。「自由と民主主義のための学生緊急行動」（Students Emergency Action for Liberal Democracy－s）の略称。当時分裂していた野党を説得し野党共闘を実現させ、その後の日本の市民運動に影響を与えた。

55　平和安全法制関連法案：「平和安全法制整備法案」と「国際平和支援法案」の二法案から成り、二〇一五年に国会に提出され可決成立した。「自衛の措置としての武力行使の新三要件」が盛り込まれ、集団的自衛権の一部行使が可能となった。

56　インセル：恋愛やセックスの相手を欲しているが叶わず、その原因は女性の側にあるとするサブカル系インターネット上での女性蔑視主義者

五野井　インセルとは、日本語で分かりやすく言えば「非モテ」[*57]に近いですね。女性にモテない。モテたいんだけれど、女の人にモテないからこじらせている男性のことを言うんですが……。

池田　インボランタリー・セリベイト（Involuntary Celibate）、望まざる単独者。本当は女の子と仲良くしたいんだけれど、相手にしてくれないと思い込んでいる。だから女性に対する憎しみを募らせる。

女性に対する憎悪や嫌悪を「ミソジニー」[*58]と言いますが、山上被告は「ミソ」と言っていますね。引用の形ではありますが、「ミソが湧いて」とか、そういう言い方をしています。

五野井　「ミソ」は2ちゃんねる用語なのかもしれませんね。ネットスラングでしょうか。

ただ、山上被告がいわゆる典型的なインセルなのかというと、私はちょっと違うのではないかと思っています。たしかにインセル的な要素はあると思いますが、インセルの理屈というのは、「真の弱者は男性」「女性をあてがえ」という、モテない俺が悪いんじゃなくて、モテなくさせている社会のほうが悪いんだという「弱者男性」論[*59]なんですね。それに対して、彼はツイートにこう書いているわけです。「だがオレは拒否する」——どう拒否するのかというと、「**だがオレは拒否する。『誰かを恨むでも攻撃するでもなく』それが正しいのは誰も悪くない場合だ**」と。

*57　非モテ：「恋人がいない」「性経験がない」といった人をからかいや自虐のニュアンスで呼称する際の名称。非モテは、ミソジニーに染まった攻撃的なインセルとは異なる。

のこと。インセルとはInvoluntary Celibateを組み合わせた混成語で、不本意の禁欲主義者、非自発的独身者などと訳される。

*58　ミソジニー：女性嫌悪、女性蔑視。女性に差別的な社会にはミソジニーが巣食っているとされる。

*59　弱者男性論：女性や性的マイノリティやリベラルに対する「アンチ」という意味ではなく、非正規化され、周縁化されたマジョリティ男性たちに関する議論のこと。

これはおそらく「弱者男性」論を展開している杉田俊介[60]さんなどの文章に対する彼の感想だと思うのですが、ようするにインセルに対して「誰かを恨んで攻撃するな」というのが杉田さんなどの主張です。とてもまっとうできわめて正しい主張なんですが、山上被告のものとされるこのツイートを見ると、続けてこう書いているんですね。**「明確な意思（99％悪意と見なしてよい）をもって私を弱者に追いやり、その上前で今もふんぞり返る奴がいる。私が神の前に立つなら、尚の事そいつを生かしてはおけない」**（2021-4-28）

このツイートはものすごく強い表現です。山上被告はあらゆる意味で、自分が弱者であるということは自認しているんですね。けれども、山上被告は自分はインセルだという自認は甘んじて受け入れたくないというか、そうした社会的に付与されがちなレッテルを全力で拒否しようとしている。

残念ながら、今は恋愛やモテが、ある程度、収入や地位と相関しているというのは、いろいろなデータやそれらを元にした研究からも出ているわけですが、本来そうなるはずではない自分を非モテに追いやっているのは、職や、あるいは収入があることによってしか評価しない社会のほうだと。

池田　ジョーカーにすごく自分を重ねているけれど、ジョーカーはインセルではないと言うんですよね。

五野井　そう、まさにそうです。だから、ジョーカーに対する山上被告の感情を素

60　杉田俊介：批評家。自らのフリーター経験をもとにロスジェネ論壇に関わった。元障害者ヘルパーでもあり、文芸誌・思想誌などで文学、アニメ、マンガなどの批評活動を展開している。

直に解釈するとですが、自分をいわゆるインセルや非モテに追いやっているのは、自分の生来的な性質ではなくて、ネオリベラリズム[*61]の自己責任論であると。だから山上被告にそうせしめた「自己責任で弱者に追いやっているやつを生かしておけない」と、ここで言っているんです。

池田　山上被告の場合は、特殊な条件がさらにその上に覆いかぶさっています。統一教会では人を好きになっちゃいけないんですよね。

五野井　そうなんですか。それはまるでカズオ・イシグロの『わたしを離さないで』[*62]のような世界線ですね。イシグロの作品では「真の愛（true love）」こそが悲惨な境遇の主人公たちを救う唯一の手段なのだけど、そもそも選び取ることが困難という物語設定をしていて、では主人公たちはそこに辿り着けるのか、という小説です。物語の結末は皆さんにお読み頂きたいと思いますが、それを信者を縛る教義の中に埋め込んでいるというのは、なんというか、狡猾《こうかつ》ですね。

池田　はい。教祖様が選んでくださる人と結ばれるまで純潔でなきゃいけない。男も女も。だから人を好きになってはいけないのだそうです。そんな教義に縛られたお母さんのもとにあって、反発はしたでしょうが、やはりどこか影響されたせいで、恋愛スキルが人より後れを取っているという自覚はあったのではと思います。

五野井　なるほど。けれども、そこで自分自身がミソジニーをこじらせてインセルになるかというと、そうではなくて、むしろモテないインセルではなく、「俺はジ

61　ネオリベラリズム：新自由主義のこと。

62　『わたしを離さないで』：二〇〇五年発表のカズオ・イシグロによるディストピア小説で、同年のブッカー賞最終候補作。クローン人間として生まれた主人公のキャシーとトミーの運命は、若く健康なまま臓器提供することであり、自身の理不尽な境遇に怒りながらも「運命」として受け入れざるを得ない現代社会そのものの縮図を表している。

ョーカーと同じで社会に対する復讐者なんだ」というふうに、社会への復讐者気取りになっていくんですね。実際、本人はそうだったと思うんですよ。というのは、彼はこうも言っているんです。

「インセルが狂気に走って希代の悪党になる映画が大ヒットとなれば女としては困るのは分かるが、ジョーカーはインセルでないのではなく憎む対象が女に止まらず社会全てというだけである。『インセルか否か』を過剰に重視する姿勢は正にアーサーを狂気に追いやった社会のエゴそのもの」(2019-10-20)

池田　ネットの上に、ジョーカーはインセルかどうかということにこだわっている人たちがかなりいたんですよね。

五野井　たしかにそういう議論が映画『ジョーカー』封切り後にされていましたね。

池田　なぜそんなことにこだわるんだという意見を彼は持っていて、女を憎むとかそんなことに限らなくて、ジョーカーはもっと、社会全体を否定しているんだと。

五野井　そういうふうに言いたい、だけれどたぶん、やはり九〇年代というのは、二〇〇〇年代、二〇一〇年代、二〇二〇年代まで続いてきている失われた三〇年の中で、モテることがすべてであるかのような身も蓋もない議論があったでしょう。

だから、残念なことに、今でも一部の中年男性の間では、そうした議論がまだ幅を利かせているようなんですが、そういうモテというものであったり、女性受け、あるいはその逆の男性受けでもいいんですが、そういった恋愛至上主義やルッキズムといったものに対して、山上被告は自分はそういうものではないし、そういうふうなものには搦《から》め捕られないぞということを、やはりきちんと言いたいんだと思うんですね。山上被告はツイートでも、非モテ男性問題は、単純にモテの話ではなく、**自己責任として切り捨てられない「感情的貧困」**（2020-1-27）の問題だと反論しています。だから「俺がジョーカーに思い入れを持っているのはなぜかといえば、別にあいつがモテない男だからじゃない」し、別にアーサーというジョーカーになった主人公、ホアキン・フェニックス演じる主人公は、「別に女を憎んでいたんじゃない。俺も女を憎んでいたんじゃないんだ」と。そうではなくて、「女も含めた社会全体を憎んでいる」というふうに言っている。だから、女性だけを狙って憎んでいるわけではなく、社会全体に対する復讐なのだという形で、まさに「無敵の人」化していくということなんですね。

池田　だけれども、社会を憎んでいながらですよ、**「彼はジョーカーに扮した後でも、自分ではなく社会を断罪しながら目に浮かぶ涙を抑えられない。悪の権化としては余りにも、余りにも人間的だ」**（2019-10-16）と言っています。

この山上徹也のジョーカー理解を、映画評論家の町山智浩《まちやまともひろ》*63さんが高く評価しているんですが、山上被告はこうも言っています。**「ジョーカーという真摯な絶望を汚す奴は許さない」**（2019-10-20）。これは、ジョーカーはインセルかどうかなどと議論している人たちのことを言っているんですね。それは許さないと言っている。

63　町山智浩：アメリカ在住の映画評論家。「山上容疑者の映画『ジョーカー』分析は非常に深い。ジョーカーは『社会を断罪しながら目に涙を浮かぶ涙を抑えられない』彼は本当に深く深くアーサーの中に入ったのだと思う」（2022-7-18）とツイートした。

五野井　インセルという分析視角に過度にフォーカスしてしまうと、『ジョーカー』が本当に描きたかったものや、山上被告が当時抱えていた、今でもたぶん抱えていると思うんですけれど、社会に対する真摯《しんし》な絶望や苦しみというものが、かすんで見えなくなってしまうのではないかと思います。

『ジョーカー』は『バットマン』[*64]のスピンオフ作品なんですが、同じ『バットマン』のスピンオフである『ダークナイト』[*65]では、ジョーカーは根源悪としてしか描かれていないのに対して、ホアキン・フェニックスが演じる『ジョーカー』は、とくに母親に起因する幼少期の家庭環境も一因となって、やむにやまれず社会の「お荷物」になっていくわけです。地方行政の社会保障予算が切り詰められる中で、心を病んでいた主人公の投薬治療も打ち切られる。福祉へのアクセスが断たれて社会から見捨てられることの具体的な事例として、投薬治療を打ち切られて薬を飲めなくなっていった中で、「だんだん頭が冴えてきた」というふうな境地に至り、まさに無敵の人になっていく様を描いた作品なんですが、彼はそれと自分自身を重ねているわけですよね。だから、安倍さんを殺害した件についても、たぶん本当に殺したいと思って安倍憎しで殺しているんじゃないんでしょうね。おそらくやむにやまれずの「義挙《ぎきょ》」なのでしょう、彼の中では。もちろん断じて許されるものではありませんが。『ジョーカー』『ダークナイト』、それから『タクシードライバー』、すべて今配信で観られますので、ぜひご覧になってみてください。

64　『バットマン』：ゴッサム・シティという悪のはびこるアメリカの架空の街で活躍するダークヒーローを主人公とした作品。

65　『ダークナイト』：映画『バットマン ビギンズ』の続編で、バットマンの宿敵ジョーカーの登場で混乱に陥ったゴッサム・シティを守るべく、再びバットマンが死闘を繰り広げる二〇〇八年の作品。

「統一教会憎ければ韓国まで憎い」なのか？

池田　『ジョーカー』を観たのは韓鶴子《ハンハクチャ》総裁[*66]が来たその前の日だと書いているツイートがあります。**「オレがＪＯＫＥＲを観たのは鶴子がやって来る前日、名古屋でだった」**(2020-8-12)

二〇一九年の一〇月六日に名古屋で統一教会の「孝情文化祝福フェスティバル名古屋四万名大会」が開かれて、そこに韓鶴子総裁が来ています。『ジョーカー』の日本での封切りを調べたら、一〇月四日が封切り初日なんです。それを、山上被告は韓鶴子のいる名古屋まで行って、封切り二日目に観ている。

山上徹也が名古屋に行ったのは韓鶴子を襲うためで、火炎瓶[*67]を用意しています。イベントの前日に名古屋に入り、その日は『ジョーカー』を観た。もしかしたら、火炎瓶の材料を抱えて映画館に入ったかもしれない。翌日のイベントは屋内だったのでセキュリティチェックがあり、火炎瓶を持っての入場は無理だと襲撃を断念しています。

五野井　旧統一教会トップを焼殺しようとしたその前日に『ジョーカー』を観ているのですね、それは驚きです。その時点で既に一触即発だったということですね。

66　韓鶴子総裁：統一教会の創始者であり教祖であった夫文鮮明の三番目の妻であり、夫の死後、総裁の座を継いだ。一四人の子供（四人は早世）の中には離反して別派を立てた者たちもいる。

67　火炎瓶：ガラスの瓶にガソリンや灯油を入れ、布など燃えやすいもので栓をした手作りの焼夷弾。布に火をつけて標的に投げる。別名の「モロトフ・カクテル」は冬戦争（ソ連・フィンランド戦争、一九四一）の故事にちなむ。

池田　だと思います。そして、その直後にツイッターを始めています。

五野井　まさにそこで韓鶴子氏、つまり今の旧統一教会の総裁には手が出せないと思ったんでしょう。そこでターゲットをやむなく変えざるを得なくなった。

池田　その後、山上はフォークリフトの運転手として働くんです。勤め先の評価も高い。このあたりのことは本当に軽々に言えないけれども、すごく揺れ動く彼の行動が見て取れると思います。

五野井　まさにそうですね。本当に彼の心は揺れているんですね。

池田　行動としてはそうですね。でも、思考の中身はツイートを始めた二〇一九年の一〇月一三日から最後の日付の二〇二二年六月三〇日まで、そんなに逡巡《しゅんじゅん》したりはしていないんですよね、真っすぐ。

五野井　つまり一貫した目的があって……。

池田　はい。自分のそれまでの人生のこともしっかり把握し、理解した上で、その恨みとか怒りが母親に向かわず、統一教会に向かっているというのは一貫しています。ツイッターで政治、社会、サブカルの世間話をしながら、銃を作っている。

五野井　そうですよね。ただ、当然、統一教会に対して非常に強い怨念を抱いているわけですが、では、だから韓国まで憎いという心情があるかというと、さっきも申し上げたように、統一教会が憎いから韓国が憎いというわけでは、たぶんない。韓国への反感は、統一教会ももちろん関係しているんでしょうが、それ以上にやは

68　米中冷戦：台湾海峡での緊張対立や貿易問題をめぐる近年の米中対立のこと。米中新冷戦ともいう。

69　慰安婦：慰安婦問題のこと。日本政府は関連資料の調査を行った結果、「政府の関与があったことが認められた」とし、これが後の河野談話、村山談話に繋がった。一部の右派や保守は政府の関与や強制性についてなかったとする歴史修正主義を展開している。

70　徴用工：戦前に日本企業により強制連行され強制労働に従事させられたと主張する韓国人（いわゆる「元徴用工」）が日本企業に対し損害賠償の支払いを求めて韓国の裁判所に提起したいくつかの訴訟で、韓国の最高裁判所が被告の日本企業

りロスジェネ以降の人たちがすでに持っている感覚だと思うんですね。

池田　そういうものと結びついちゃったんですね。強烈に。

五野井　そう思います。というのは、この山上被告と思われる人のツイートを読むと、こう書いているんですね。

「在日差別を『ヘイトスピーチ反対』と言って解決しようとすればするほど背後にある問題、韓国の挑発的な対日政策、日韓関係の悪化、北朝鮮・総連・拉致問題、米中冷戦[68]、慰安婦[69]から徴用工[70]まで、戦後から現代に渡る巨大な問題体系を『差別』の一言で一方向に誘導する事になる」（2021-12-28）

ここまで書けるということ自体が、やはり相当程度に学のある人なんです。こうして点と点を結んで一本の線にして書けるというのは、きちんと俯瞰的な物の見方ができているということなんです。ただ、巨大な問題体系があることはたしかなんだけれど、そうした視点が何によってできているかというと、これらの問題に関心を持った始まりは、おそらく反韓国感情なんですね。だから背景として、ただ単に統一教会への恨みがあるから韓国が嫌いだということだけではない。

これは、それこそ右派の有馬哲夫《ありまてつお》氏[71]などが主張していますが、フェミニズムの人たちに対して、あるいは岡野八代《おかのやよ》さんや牟田和恵《むたかずえ》さんのような「フェミ科研費裁判」[72]をやっているような人たちに対して、慰安婦問題を扱ったり、研究をした結果、統一教会が勢いづいたんだという時系列も異なることを言う人たちがいるわけです

の上告を棄却し、原告の勝訴を確定させる判決を言い渡した。日本政府は当時、無償・有償を合わせて計五億ドルを韓国政府に提供したが、当時の韓国政府は非民主主義体制だったため、元徴用工に資金が渡らなかった。そこで韓国政府は賠償を肩代わりする新基金の設立案を検討するなど解決に向けた努力が進められている。

71　有馬哲夫：公文書研究者。慰安婦が「強制連行」でなかったとしたハーバード大学の歴史学者マーク・ラムザイヤーを擁護したとされる。

72　フェミ科研費裁判：「国会議員の科研費介入とフェミニズムバッシングを許さない裁判」。日本学術振興会科学研究費（科研費）の助成を受け

が……。

池田　すみません、ちょっと待って、頭が追いつかない。

五野井　ようするに、慰安婦問題というのは、本来はあの安倍元首相ですら第一次安倍政権時の二〇〇七年にアメリカの下院の求めに応じ、わざわざ正式に河野談話を継承していると言わざるを得なかったという現実が存在している程度には、動かない歴史的な事実なんですが……。

池田　ああ、日本に責任があるという研究が出るから「ほら見ろ」と韓国が言うじゃないか、ということですか？

五野井　はい。それを統一教会が利用しているんだというメチャクチャなことを言うんですね。だけどこれは統一教会だけに対する恨みではなくて、やはりそこに背景としてあるのは世代的なもので、反韓国という意識は残念ながら刷り込まれた結果として持っているんでしょうね。ただ、それが統一教会への感情によってすごく鮮明になっている。だからこれは単純に統一教会が憎いから韓国が憎いじゃなくて、残念ながら、やはりヘイトなんですよ。

池田　うっすらとロスジェネに広がっている韓国に対するそういう思いというのは、怯《おび》えですか。何なんですか。

五野井　それもあろうと思いますが、おそらくもっと低次元なもので、ただただ不愉快なんだと思いますね。たとえば、最低賃金[*73]などの比較で経済的に韓国が日本を

て「慰安婦」問題などについて研究したグループのメンバーに誹謗中傷をくり返した自民党の杉田水脈衆院議員を同グループのメンバーらが提訴した裁判。

73　最低賃金：使用者が労働者に支払わなければならない賃金の最低額を国が定めた制度。二〇二三年一月現在の日本の最低賃金額は、全国平均で時給九六一円、なお韓国は時給九六二〇ウォン（約九八五円）であった。

追い抜いたことに対する不満とか、そういう話でもたぶんない。山上被告とされるツイートを見ていると、たとえば日本が韓国に経済的に追い抜かれるとか、国としての立場が弱くなっていっているといった話はあまり見られない。本当にもっと素朴な偏見と先入見によるものではないでしょうか。ここにも書かれているように、そもそも朝鮮総連と北朝鮮と韓国を交ぜて論じているでしょう?

池田　本当ですね。

五野井　朝鮮半島の話を全部一緒くたにしている。

池田　並べてありますね。

五野井　そうなんです。単に韓国だけではない。もちろんたしかに、統一教会の創立者である文鮮明《ムンソンミョン》*74氏は北側の出身で、北朝鮮に対して四〇〇〇億円以上とも言われる巨額の資金提供をした結果、北朝鮮の金日成《キムイルソン》、金正日《キムジョンイル》*75と二代にわたって関係も築いていったし、その資金の一部はアメリカを威嚇《いかく》するためのミサイル発射に使用されているであろうわけですが。けれども、たぶんここではそういう理由で書いているわけではなく、おそらくネットを介してだと思いますけれども、やはり根っから韓国ならびに朝鮮半島全体に対する悪感情というのが、いろいろな形で現在進行形で醸成されている。というのは、たとえばヘイトスピーチ反対と言ったからといって、巨大な問題系全体を差別のひとことで一方向に誘導したりはしないんですけれど、山上被告は特定の一方向に誘導すると思っているように読めます。

74　文鮮明：一九二〇年日本統治下朝鮮の平安北道出身、二〇一二年死去。統一教会の教祖で国際勝共連合を含む統一運動の創始者。メシアの再来、第三のアダムなどとする教義を打ち立てた。日本に留学経験がある。

75　金日成、金正日：朝鮮民主主義人民共和国（いわゆる北朝鮮）の建国の父とその二代目の後継者。いずれも独裁体制を敷いた。現在は三代目の金正恩が継いでいる。

池田　彼らの思考だとそうなる。

五野井　そうなんです。だからたとえば、ヘイトスピーチ問題がクローズアップされるきっかけを作った反差別集団「レイシストをしばき隊」[76]という人たちがいましたけれど、山上被告はこの「しばき隊」に対しても、かなり敵対的な視座《しざ》で物を言っているんですね。

辛淑玉《シンスゴ》さんが[77]「ニュース女子裁判」[78]で勝訴したときの話ですけれど、辛さんは虎ノ門ニュース[79]などの差別や偏見を見せ物として売り物にするとんでもない人たちに、辛さんがさも犯罪を引き起こす人々を沖縄に送ったといったようなデマを流され、誹謗中傷されて、ついには身の危険を感じるまでに及んでしまったわけです。「ニュース女子」制作会社などに対する損害賠償を求めた裁判では辛さんが圧勝しました。この事件に対し山上被告はこう書いている。

「旅費支給でも旅費に足りなくても『経済的支援』に変わりない。後はそうして集めた基地反対デモ[80]が『犯罪行為も厭わない人々』か否かの問題。しばき隊が関わっていたなら黒でいいと思うけどね」（2021-4-2）

これはもう完全にネットでデマにやられちゃっている人ですよね。このように単に統一教会が憎いから韓国が憎いではなくて、山上被告には典型的なネット右翼的な思想の側面もうかがえるのです。

ただ、では単なるネトウヨかというとそうでもないんですけれど、だけどやっぱ

76　レイシストをしばき隊：ヘイトスピーチ問題がクローズアップされ、ヘイトスピーチ解消法が制定されるきっかけを作った反差別集団。フリー編集者の野間易通が二〇一三年に呼びかけ主催した。現在は対レイシスト行動集団C.R.A.C.（Counter-Racist Action Collective）。

77　辛淑玉：在日コリアン三世。企業、自治体、教育機関からの依頼で人材育成、人権・男女共同参画に関わる講演等を行う。東日本大震災以降は被災地支援にも尽力。二〇一三年ヘイトスピーチとレイシズムを乗り越える国際ネットワーク「のりこえねっと」を立ち上げ共同代表に就任した。

78　ニュース女子裁判：沖縄の米軍基地反対運動

りこれはロスジェネ以降の人たちが持っている心的傾向の一つなんですね。韓国や朝鮮半島に対して、あるいは日本にいる在日コリアンの人々への敵意をむき出しにして差別を行っている人々に、「ヘイトスピーチおかしいですよ」と、至極まっとうなことを言っている人に対して、山上被告がイラッと来るという感情がすごく出ていると思うんですね。

ではなぜそうなるのかということについては、これからもう少し丁寧に考えていかなければいけないわけです。まず一つ言えるのは、こうした問題には複雑な要素や背景があり、山上被告もそれを見られるはずであるのに、複雑な思考をしていくことを放棄してしまっている。でもこれは山上被告に限ったことではなく、多くの、理由なくなぜか朝鮮半島に対するヘイトの感情を持っている、上は大日本帝国時代の「帝国意識」の残滓《ざんし》や、「ジャパン・アズ・ナンバーワン」だった頃の驕《おご》りたかぶりが抜けきらない五十代から八十代までずっといますけど、主にやはり二十代、三十代、四十代に共通する思考です。

これらがネットや一部の政治家のテレビ等での言動を通じて、ずっと再生産されているわけです。別に統一教会だけの話ではなくて、むしろきわめて凡庸な——あえて凡庸という表現をしますが、きわめて凡庸な、よくある韓国や朝鮮半島に対する、あるいは在日のコリアンの方々に対する理由なき悪感情。彼らは自分では理由があると思っているんでしょうけれど、歴史と国際政治を学んだ側として彼らの主

を取り上げたテレビ番組「ニュース女子」で名誉を傷つけられたとして、辛淑玉が、番組を制作したDHCテレビジョンなどを訴えた訴訟。米軍基地反対運動を取り上げた回で、米軍基地に反対して平和的に運動している人たちを「テロリスト」「犯罪者」と揶揄し、反対運動の参加者に「のりこえねっと」が日当を支払っているかのような報道を展開するなど悪質なフェイクニュースを放送したことからBPO案件となり、裁判は辛の勝訴となった。

79 虎ノ門ニュース…二〇一五年からCS放送チャンネルDHCシアターにて放送されていたDHCテレビの番組。AmebaFRESH!での同時無料配信を行ってネット右翼業界で人気を誇ったが、

張を読む限りでは、まったくもってまっとうな主張でもなければ、正当な理由もありません。

池田　そういう人々に共有されている根拠のない悪感情に、山上被告の場合は特殊な条件が重なっていった。

五野井　そう思います。ただやはり、では、なぜそれがここまで来てしまったのかと……。

親ガチャ＝環境決定論

五野井　ここでわれわれが考えたいのは現代日本の世代論的なことなんです。山上被告でなくても誰かがおそらくそのうち暴発する可能性はあったと思うんですね。ではなぜ、山上被告だったのかというと、やはり山上被告自身が、自分が恵まれていないということについて深く考え、非常に意識していたと思います。それは親ガチャ*81とか環境決定論*82だと思うのですが……。

池田　「親ガチャ」って、嫌な言葉が流行ったものですね。

五野井　はい。でもたぶん、これも広く今四十代以下の人たちにとっては、実感されているものだと思うんです。というのは、たとえばこれは元朝日新聞の記者だった鮫島《さめじま》浩《ひろし》氏*83のツイートですが、「日本勢メダルラッシュに歓喜するマスコミ報道が

二〇二二年に終了した。

80　基地反対デモ：米軍普天間飛行場（沖縄県宜野湾市）の名護市辺野古への移設と称する新基地建設工事に反対する運動。

81　親ガチャ：子どもがどんな親のもとに生まれるのかは子ども自身が選べず運任せであり、家庭環境によって人生を左右されることを、カプセルトイやスマホゲームの「ガチャ」（くじ引き）にたとえたインターネットスラング。

82　環境決定論：環境の諸性質によって人間活動が著しく制限されると説く議論。社会的ダーウィニズムの影響を受けたドイツの地理学者・生物学者のフリードリヒ・ラッツェルが一八〇〇年代後半に提唱したとされてい

溢れてきた。日本がスゴイのではなく選手個人がスゴイのである。ナショナリズムを横並びで煽る五輪報道から卒業できないものか」（2021-7-26）と言っていますね。それに対して山上被告とされる方がどのようにツイートで反応しているかというと、「違うよ」と。「若ければ若いほど成功は個人ではなく環境」。まさに親ガチャということですね。「ある意味特異な環境で育ち自分の人生と言えるかすら定かでない若さで世界の頂点を極めた場合、それからが心配。高く翔び続けるか、金メダルが重荷になるか。それは誰にも分からない」（2021-7-26）

これって、まさに失われた三〇年の犠牲者の特徴だろうと思うんですね。

池田　どういうところがですか。

五野井　これは一見するとオリンピック選手のことを書いてあるようですが、裏読みをすれば、まさに自分が「ある意味特異な環境で育ち自分の人生と言えるかすら定かでない若さで」「世界の頂点」を極めるどころか、大学進学の道を絶たれ、宗教二世[*84]として背負った理不尽な理由によって、嘘の借金話と家庭崩壊のために専門学校へと進路変更を余儀なくされ、そして三年間、自衛隊で契約で働いて……というふうな、これこそまさに「特異な環境」ですよね。

池田　金メダリストという、自身の対極にあるような対象を語りながら、自分を語っている。

五野井　そうです、自分を逆照射しているんだと思うんです。本人が負け組と自認

る。

83　鮫島浩：ジャーナリスト・元朝日新聞記者。朝日新聞社特別報道部デスクとして、日本新聞協会賞を受賞。後に退社し、ウェブメディア「SAMEJIMA TIMES」を立ち上げた。

84　宗教二世：特定の宗教を信仰する親や保護者家庭に生まれた子ども世代のこと。

していう側からの、親ガチャによる人生決定論だと読んで差し支えないでしょう。

池田　でも、勝ち負けで言ったら、勝てる人などほんの一パーセントなんですから、九九パーセントは負け組ではないですか。

五野井　ただ、われわれの人生は長いので、どこかで自分が納得のいく人生だと思えることはあると思うんですよ。

池田　以前にも、勝ち組、負け組という言葉が流行った時期がありました。そもそも勝ち負けで分けるという発想に違和感があって、「そんなことを言ったら私たちはほとんどみんな負け組よ」とか言っていたんですが、今の若い人にはもっとヒリヒリするような重いものとして感じられるんでしょうか。

五野井　ヒリヒリするんでしょうね。

池田　それを受け止めて、そういう言説の中で二十代、三十代を生きなければならないんですね。私みたいな一丁上がりのお婆さんは、もう鈍感になって、みんな負け組よなんて言って、べつに勝ち負けにこだわらないでいられるけれど、若い人はそれどころじゃない。

五野井　まさにそれどころじゃないです。今、十代、二十代、三十代、四十代なんていうのは、基本的にネットとSNSがすべてで、とりわけインスタグラム[*85]とか、ああいうものによって自分のプライベートな生活が可視化されていく中で、他者が羨望《せんぼう》するような生活というものが見えてくるわけです。今までだったら見えなかっ

85　インスタグラム：メタ・プラットフォームズが所有するアメリカの写真・動画共有ソーシャル・ネットワーキング・サービス（SNS）。略称は「インスタ」。とくに若い世代で一世を風靡した。

た他人の羨ましい部分、一面というものが見えてきてしまうし、ルッキズムも苛烈《かれつ》で否が応でも比較される対象になっていくわけです。

先ほどからたびたび挙げているように、かつては見田宗介さんが『まなざしの地獄』という本をお書きになりましたが、今という時代は、携帯電話などの携帯情報端末を通じていつでも「まなざしの地獄」につながっていると思うんです。本来「まなざしの地獄」というのは、みんながいる家の外にあった衆人環視の空間を前提として、他者のまなざしを内面化することで感じるものでした。けれど今は、本来いちばん人のまなざしを遮断できるはずの家の中であったとしても、SNSを通して直接的に他者のまなざしを意識せざるを得ず、かつてフーコーが『監獄の誕生』で論じたように、パノプティコン的に内面化してしまうわけです。パノプティコン（Panopticon）とは全展望監視システムのことですが、あるいはパノプティコン的な「格子なき牢獄国家」（久野収）のような、そういう時代にわれわれはいるんですね。

池田　孤独の意味が変わってきたように思います。山上被告も**「だから言っただろう」「最後はいつも一人」**（2019-12-7）と言ったり、**「人が一人では生きられんのも絶対的な事実ではあるが」**（2019-11-22）と書いたりしていますね。

五野井　ご指摘の箇所は山上被告の心がものすごく揺れていますよね。

池田　揺れています。人恋しいんですよ。山上被告のものと思われるツイートは、分かっているだけで一三六三件とされていますが、その中にたった一件、動物ネタがあって、それは「ダム沿いの道で小鹿が柵から抜け出せず死んでいた。ほんの少しの手助けがあれば死なずに済んだのだろうか?」(2021-1-18) というものです。おそらく自分で撮った写真が添えてあります。誰かによる「ほんの少しの手助け」を求めていたのは山上自身だったのだと思わずにいられません。

先ほど五野井さんは、山上は生活保護行政が十分に機能していないと批判している、とおっしゃいましたが、ベーシックインカム[*86]について延々と連ツイしていて、それが肯定的なのです。

二〇二〇年に竹中平蔵さん[*87]が、生活保護や年金を廃止し、それを財源に毎月七万円のベーシックインカムを導入するという大胆な提案を行いました。ネットでも話題となり、「#竹中平蔵は月7万円で暮らしてみろ」というハッシュタグが作られました。月七万円で暮らせるわけがないだろう、といった否定的なツイートばかりが目につく中で、山上被告はそのハッシュタグをつけて肯定的に連続ツイートをしているんです。たとえば「7万×69年=6000万弱。一人でも充分やって行けるが2人3人集まればウハウハで余生を送るだろう」(2020-9-25) ですとか、「『月7万円では生活できない』は事実だが、誰も独り暮らしをしろと強制はしない。戦後の核家族化や単身世帯の増加と逆方向に進ませる政策だろう。女でも子供でも平等に7万なのだから、家父長制[*88]の復活も意味しない」(同日) ですとか、きわめて珍しいことにはしゃいでいる気配すらあります。

86　ベーシックインカム：すべての国民に一定額を支給する制度。社会保障制度の運営費を削減でき、小さな政府が実現できるとされるため、経済的新自由主義の側にも支持者はいる。一方で、生活保護などの社会福祉は廃止されるとされ、これには反対の声がある。支持者は、理想的に運営されれば自由な時間が増え、仕事を選べるので、創造性を伸ばすことができる、とする。

87　竹中平蔵：実業家・政治家・経済学者。新自由主義経済を支持し、自民党や政府に深く入り込み、政策に影響を与えた。郵政民営化は竹中の下で実施された。

88　家父長制：男性の家父長が家族についての決定権を握る。社会においさらには、少子化防止になるというように、親子からなる家族を肯定的に捉える一方で、家族の成員すべてが平等に収入を得ることで家父長制的な家族ではなくなるだろうし、他人同士の共同生活のような多様な「家族」もあり得るだろうと、明るい想像を膨らませています。それらのツイートは、山上の全ツイートの中で例外中の例外と言ってもいいほど楽しげです。つましくてもお金に苦労しないで、誰かと助け合って生きることに、山上は憧れていた。

五野井 岡崎京子の作品に、タイトルを恐らくシーナ&ザ・ロケッツの「ハッピー・ハウス」から取った『ハッピィ・ハウス』（主婦と生活社）という、家庭が崩壊した後の家、つまり居住空間の重要性を描いた作品があります。「ファミリー」、つまり統一教会が称揚するような家庭や父母ではなく、血縁としての家族でもない友人たちが集うことのできる緩やかな共同体としての「ハウス」を主人公は選び取ろうとするんですね。このハウスは『リバーズ・エッジ』に出てくるような、家庭や学校、会社、社会に居場所のないマイノリティが集うことのできるハウス・ミュージックが流れる、ヘテロセクシャル優位な出会いの場たる、いわゆる「チャラ箱」とは異なる、「音箱」としてのクラブのようなものを想起させます。そういう「ポスト家庭」的な他人同士の共同生活、つまり二〇〇〇年代から二〇一〇年代に流行ったギークハウス的なものも視野に入った、多様な家族も想像していたのでしょうね。

他方で山上被告は、口八丁手八丁の人間だけがうまくいっていて、のさばってい

ても、年長男性が優位を占めることになる。

る世の中というものをおかしいと思っている。だから翻って正しきエリートに対して期待をするんですが、結局は裏切られたと感じて絶望するわけです。その絶望は、たとえば「**最近の不運と不調の原因が分かった気がする。当然のように信頼していた者の重大な裏切り。この1ヶ月、それに気付かず断崖に向けてひた走っていた。そういう事か**」（2021-4-24）という形で表出し、さらに「**こういう裏切りは初めてではない。25年前、今に至る人生を歪ませた決定的な裏切りに学ぶなら、これは序の口だろう。オレも人を裏切らなかったとは言わない。だが全ての原因は25年前だと言わせてもらう。なぁ、統一教会よ**」（同日）というツイートで、山上被告は自身の人生を歪ませ続けてきた敵が誰かを改めて確信したのでしょう。そして安倍元首相が統一教会の広告塔として式典にビデオメッセージを送ったことなどが、彼の絶望に拍車をかけたのでしょう。

先ほど、山上被告がフォークリフトの運転免許など、たくさんの資格を取っていたというお話をしました。われわれは就職氷河期世代でもあるわけですが、就職氷河期で就職困難だったのは構造的な問題[89]です。つまり、マクロな問題なんですね。けれどわれわれ世代からその下の世代は、就職に失敗したり、大学に行けない、行っても中退せざるを得ないのは、自分のせいなんじゃないか、だから自分がもうちょっとスキルアップして資格を取ったら変わるんじゃないかと思ってしまう。

池田　コミュ力[90]をつけよう、ですとかね。

89　構造的な問題：就職氷河期においては、個人がどれほど努力しようとも、そもそも新卒求人募集のパイが少ないという社会の構造的な問題が存在した。だが、若者が就職できないことや非正規でいることを新自由主義の自己責任論は、「社会」ではなく「個人」の責任だとして若者たちを追い詰めた。

90　コミュ力：コミュニケーション能力の略。意思疎通や説得などの能力の総称で、近年、教育現場や職場で重視されるようになった。この能力が乏しいことを「コミュ障」という。

五野井　そうです。そうやって無理をするんです。これはネオリベラリズムの自己責任論を内面化してしまっているということなんです。だから竹中平蔵的なものが悪いとも言えるし、竹中氏もその一部に過ぎないグローバルなネオリベラリズムのトレンドが悪いとも言えるわけです。しかし、結局、個人は自己責任ではどうにもならなくなっていく。なぜならそれは個人や一国内のミクロな問題ではなく、マクロ規模でのグローバルな社会構造の問題だからです。そこで、社会に対する憎悪というものが生まれてくる。

　山上被告が取っていたいろいろな免許や資格ですが、簡単には取れませんよ、どれも相当に努力しないと無理です。本当にすごい努力をしているわけです。けれど、努力しても努力しても、自己責任では多勢に無勢でまったくどうにもならない。そこでジョーカーに自分を仮託《かたく》して、社会に対する憎悪が生まれてくるんですね。

　だからこれは、何か出るべくして出てしまったものなのではないかと。

池田　だから、五野井さんはとても他人事とは思えないと。

五野井　はい、思えないです。だって私はたまたま今こうやって何とか生きていっていますけど、では自分がぜったいにそうならなかったかというと、そんなことは分からない。たまたま私は今、政府の仕事もしたり、他方で市民社会の側でも反ヘイトとか、立憲デモクラシーの会*91の呼びかけ人とか、反統一教会の署名発起人*92を池田さんとご一緒にやっていますけれど、何かが少しでも違っていたら、自分だって

91　立憲デモクラシーの会：二〇一四年に政府が集団的自衛権の行使を容認する憲法解釈の変更に言及したのに対して、法学者・政治学者を中心に約五〇人が呼びかけ人となり、対抗するべく設立された知識人の団体。共同代表を憲法学者の樋口陽一、故奥平康弘、政治学者の山口二郎が務めている。SEALDsらとともに参院一人区での野党統一候補の擁立を目指した市民連合の結成にも関わった。

92　反統一教会の署名発起人：岸田文雄首相が宗教法人法に基づく調査を指示した世界平和統一家庭連合（旧統一教会）をめぐって、裁判所に解散命令を請求するよう政府に求めたオンライン署名。呼びかけ人には被害者家族の会や親の信仰で苦悩

さまざまな内なる差別主義を抱えていたかもしれないし、あるいはもしかしたら山上被告のような形で、いわれなき反韓国や反北朝鮮、あるいは南北の区別もできない程度の浅さで朝鮮半島全体に関するヘイトの感情をこじらせていたかもしれません。たまたま私は運がよかっただけなんです。

こういうことをなくしていくにはマクロ構造を変えていくべきであって、たとえば社会全体で税金を使って社会保障[93]を手厚くして、雇用をしっかりしていくというような再分配政策をやっていかなければいけないわけなんです。

けれど社会と政治の側にそうした救済政策がないから、たとえば山上被告はこう言っています。

「恵まれた者、勝ち残った者、それがエゴに染まった時、己が義務を忘れた時、その富と名誉は必ず失われる事になっているんだよ」（2022-1-26）

こういうふうに言いたい気持ちはよく分かる気がします。けだし、本来のエリートというのはエゴに染まらず、己のノブレス・オブリージュ[94]を自覚し、人々の手本として義務をしっかりと果たすべきだと、山上は期待を寄せるように言っている。それがエリートにはできていない、裏切られたと感じたとき、まさに『ジョーカー』の映画ではないですけれど、他でもない敗者によって復讐がなされるし、あるいはその富と名誉を奪うのは自分であると、自分自身をストーリーづけていった部分もあるのではないかと思います。だから「別に安倍さんのことが憎いわけではないん

してきた「宗教二世」、研究者、ジャーナリストらが名を連ねた。

93　社会保障：病気や老齢、死亡、出産、ケガ、失業、介護、貧困等が原因で人々の生活の安定が損なわれた場合に、国や地方公共団体などが一定水準の保障を行う制度のこと。

94　ノブレス・オブリージュ：「高貴なる者の義務」（noblesse oblige）という意味のフランス語。貴族や上流階級などの財産・権力・地位を持つ者は社会的立場に相応の社会的責任や義務を負うべきとする、欧米社会に浸透した道徳的価値観。

だ」と言っていたのはそういうことだと受け取ることができますね。くわえて、山上被告自身がジョーカーになった主人公のアーサーに自身を重ねていたように思います。たとえば映画『ジョーカー』の中で社会から切り捨てられた弱者だった主人公のアーサーがジョーカーになっていくことを選んだその瞬間、『タクシードライバー』の主人公だったロバート・デ・ニーロが演じるテレビショーの司会者に「政治的な意図はないと話してたよね？」と問われて「僕は政治には無関心」と述べています。これをなぞるように山上被告本人も逮捕から二時間後に行われた取り調べで、「政治的な意図ではない」と述べているようにも感じられます。もちろん「宗教的意図」として統一教会の名前を出しているらしいですね。当初の警察発表ではこの最も重要な事実を「二日後の選挙に影響するから」として、意図的に削ったようですが。

池田　やはり、安倍元首相が統一教会の関連団体である天宙平和連合の催しに寄せたビデオメッセージを見たというのは大きかったんじゃないかと思います。

山上被告のツイートの中で、安倍さんの名前と統一教会が初めて一つのツイートに入っているのは、『やや日刊カルト新聞』[*95]がまとめた第四次安倍再改造内閣と宗教・カルト・ニセ科学の関係一覧を引用したツイートの引用リツイートでした。ほとんどの人に日本会議や神政連（神道政治連盟）のしるしがあり、統一教会は安倍晋三、麻生太郎、高市早苗、萩生田光一、加藤勝信、それから田中和徳、武田良太、

95　『やや日刊カルト新聞』：藤倉善郎総裁、鈴木エイト主筆のネット新聞。創刊は二〇〇九年。宗教団体やスピリチュアル団体をめぐる政治的、社会的問題を扱う。

衛藤晟一、竹本直一、菅義偉。

五野井　ある時期から組閣が行われると必ず、『やや日刊カルト新聞』や『日刊ゲンダイ』などが入閣した大臣たちを「この人は統一教会系ですよ」とか「この人は神政連」「日本会議の息がかかっている人が何人います」というカウンティングをやり始めました。ジャーナリズムとして極めてまっとうな報道ですね。

池田　それを彼は入念にチェックしていたわけですよね。これが、彼のものとされているツイートの中で初めて安倍さんと統一教会が同居しているツイートです。

「神道とキリスト教は宗教的には不倶戴天の敵。カトリックの麻生が神道団体に与しバチカンから正式に異端認定されている統一教会にも与すという事は、まぁそういう事。神道系は韓国系の毒消しに必要」（2020-8-11）

山上被告は、ここでは麻生さんがカトリックだということを取り上げていて、安倍さんのことは表面上ではスルーしています。

五野井　でもこれは、すごく示唆的な表現だと思うんですね。**「神道とキリスト教は宗教的には不倶戴天の敵」**であると。そして、**「カトリックの麻生が神道団体に与する」**と。そして**「バチカンから正式に異端認定されている統一教会にも」**と。**「与す」**の意味は分かりませんが、ともかく山上被告は、**「神道系は韓国系の毒消しに必要」**なんだと書いています。ようするに山上被告自身は宗教二世であり、韓国に起源を持つ宗教である統一教会の犠牲者だという自認はありつつも、政治家たちが集票の

『ジョーカー』（2019 年、アメリカ）配給：ワーナー ブラザース ジャパン

ために統一教会とも神社本庁の政治団体である神道政治連盟とも仲良くする節操のなさを、どうにかして自己納得したかったのではないでしょうか。

池田　それにしても、据わりの悪い日本語ですね。

五野井　本人も自身の思考に整合性がないことに、多少なりとも気が付いていたふしがありますね。

池田　元ツイートの『やや日刊カルト新聞』作成の表を直視していない感じもするんです。山上被告は事件を起こす前の日に岡山に行って、そこで安倍さんを狙おうとしたけれども、屋内の大きな会場だったため持ち物検査があるので諦めました。そのとき、岡山からある人に宛てて手紙を投函している。彼はその中で**「安倍は本来の敵ではないのです。あくまでも現実世界で最も影響力のある統一教会シンパの一人に過ぎません」**と言っています。**「安倍の死がもたらす政治的意味、結果、最早それを考える余裕は私にはありません」**とも。

　山上被告はこのアカウントでツイッターを始めて二日目の二〇一九年の一〇月一四日に**「オレがに《ママ》憎むのは統一教会だけだ。結果として安倍政権に何があってもオレの知った事ではない」**と、犯行直前とまったく同じようなことを書いている。最初に書いたことをなぞるようなことを最後の手紙でも言っているのです。

五野井　つまり、少なくとも三年近く同じ考えを持っていたということですね。

池田　もちろんあわよくば統一教会の幹部を狙おうとしていたけれど……。

五野井　広告塔である安倍元首相のほうが手っ取り早かったから、狙ったということになるんでしょうね。

池田　私にはテロという言葉の正確な意味が分からないんですけれど、テロというと政治とか思想が根拠にある殺人のように思うんです。山上被告の場合はそうではない。ただ、韓鶴子総裁、あるいは安倍元首相を傷つければ、統一教会問題を社会に訴えることができるということでは、いわゆる思想・政治ではないけれど、自分の行動に社会的意味を持たそうとしているということでは、やはりテロなのではないかなと。ただ、そういうことを山上が明示的に言っているわけではない。ツイートには、とにかく自分は統一教会を憎む、許せないとしか書いていない。

五野井　そこは意見が分かれるところだと思います。もともとは政治テロそのものではないわけですよね。だけどそれをわれわれの代表である代議士としての安倍晋三衆院議員への暴挙と捉えて民主主義への挑戦と見るか、統一教会の広告塔であった安倍家三代に対する私怨、憎しみと見るか、つまりどの観点から見るかでまったく違うものになるわけです。が、どちらにしても、その行動をどういう文脈で捉えているのかという説明が必要になってくる。

ただ、今回の事件は、「アベガー」[96]の人たちに焚きつけられたからやったんだ、つまり左派やリベラルのせいだといったことを、たとえば堀江貴文氏や落合陽一氏が確たる根拠もなく当時ツイッター上で流言飛語を流していましたけれど、それは

96 「アベガー」：日本で起きているあらゆる問題は安倍元首相が根源だと主張するとして揶揄される人々をさすインターネットスラング。

明確に違います。それらがあまりにも悪質だったので、私は髙村薫さん[*97]とともに、参議院選挙の当日の毎日新聞全国版の朝刊で反論を出さざるを得ませんでした。

池田　そう言えば、五野井さんは山上被告からメンションを飛ばされたんですよね。

五野井　はい、過去にそういうことがありました。

池田　彼は何と言ってきたんですか？

五野井　彼は、安倍さんを正しく評価しろと書いてきました。

池田　是々非々で。

五野井　はい。

池田　フラットに見たら、いいところのほうが多かった。それを評価しろと？

五野井　@gonoi というのが私のアカウント名なんですが、私に対して「@gonoi **安倍政権の功を認識できないのは致命的な歪み。永久泡沫野党宣言みたいなもの**」(2020-8-31) と書いてきた。私は「安倍政権はこの点がよくなかった」と政権の通信簿のような白《しら》井《い》聡《さとし》さんの朝日新聞「論座」の論説をツイートをしていたんですけれど、それに対して「安倍さんにもいいところがあるんだ」と書いているわけだから、彼がアベガーの人ではないというのは明々白々だったわけです。

いちばん初めに毎日新聞が速報で、容疑者の発言という形で安倍さんに恨みはなくて、「宗教的な理由」だと述べたという報道を出しました。しかし、それを無視して多くの政府批判をさせたくない、先に挙げたような知識人まがいみたいな人た

97　髙村薫：小説家。社会派サスペンスを作風とする。『リヴィエラを撃て』で日本推理作家協会賞、日本冒険小説協会大賞を受賞。『マークスの山』で直木賞、『レディ・ジョーカー』で毎日出版文化賞を受賞。

ちや、反インテリみたいな亜インテリの人たちが、いろいろなことを言いましたが、山上被告の犯行動機はそういうふうなものではまずない。

池田　その前に、犯人は在日だというものもありました。

五野井　ありましたね。あれもひどかった。エドワード・サイードの名著『オリエンタリズム』は、自分たちの集団にとっての恥部を「外部の他者」のせいにする思考を論じていますが、まさにそのままですよね、自分たち日本人の犯罪ではない、都合の悪いことはすべて「外国人」のやったことだと。

池田　その後すぐ犯人は元自衛官だという情報が出たために在日説はすぐに消えましたけど。どうして条件反射みたいにそういうことが出るんでしょうか。

五野井　それはやはり先ほどから申し上げていますけど、ロスジェネ以降にもあるし、あるいはもっと上だと日本の帝国意識*98を持っている人たちにずっと吹き上がっていたもので、何らかの社会的な危機が起きると、それは近年の震災のときもそうでしたが、必ずそういうヘイトデマを流す人がいるでしょう。あとは先ほど挙げたような左派批判やリベラル批判。

池田　アベガーがいるからこういうことが起こった、とか。

五野井　この機に乗じて、とにかく何でも自分にとって気に食わないものの責任にするわけですね。

98　帝国意識：帝国の市民やその子孫らが、自らが世界政治の中で力をもち、他民族に対して強力な支配権をふるう国＝帝国の中心国に属しているという意識。英帝国だったイギリスや日本に今でも見られる。

この二一世紀に再び宗教がせり出してきていることの意味

五野井　今われわれはここで、もう少し俯瞰的に物事を見てみる必要があると思います。

カトリックの思想家でチャールズ・テイラーという非常に優秀な思想家がカナダにいるんですね。彼は『世俗の時代』という本を書いていて、日本語訳は二巻本で名古屋大学出版会から出ているんですが、ここに書かれていることをかいつまんで説明すると、まず「世俗化する時代」というのは近代以降のことです。「怪力乱神《かいりきらんしん》を語らず」というのは、もともとは孔子の『論語』にある言葉ですが、分かりやすく言えばオカルトに傾倒するなという意味です。福沢諭吉も『福翁自伝』でこれについて書いていて、子どもの頃にみんなが崇《あが》めている祠《ほこら》の中を開けてみたら石以外何も入ってなかった、だからいたずら心で別の石と取り替えたと述懐しています。何が言いたいかというと、「宗教って迷信で馬鹿馬鹿しいものだ」というのがわれわれの近代だったはずなんです。

しかし、チャールズ・テイラーが『世俗の時代』で論じていることは何かというと、近代化と世俗化は必ずしも宗教を切り離したわけではないという主張です。テイラーは世俗化を「神を信じないことが実際に不可能であった社会から、神信仰が、

99　トランプ現象：右派ポピュリズムの一種。民主党支持の中核であった白人労働者層が過激派化し、共和党支持に転じたことで政党支持の構造が変わり、トランプ大統領が誕生した。背景にはQアノンの右派陰謀論の浸透がある。

100　連邦議会議事堂の襲撃事件：陰謀論に焚きつけられ暴徒化したQアノンと呼ばれる陰謀論者が、二〇二〇年の米大統領選挙の不正を訴えて連邦議会議事堂を襲撃し一時占拠したことで議会機能が一時的に喪失し、警察官等が死亡した事件。

最も敬虔な信仰者にとってすら、複数ある中の一つの人間的可能性でしかない社会への移行」と定義していますが、これは宗教や神と手を切ったということを意味しません。

われわれは科学と技術が進歩し発達した中で、魂の拠り所であったり、精神的な拠り所というものを求めて、むしろ宗教的なところに行き着くのであると。だから、われわれは政治や経済といった、いわゆる実学的な視点から物事を理解しようとしがちだけれど、実は山上被告や、現在起きているその他の多くの事象、たとえばトランプ現象[*99]なども、かなりの程度は宗教というか、心の問題なんですね。

たとえば、アメリカの連邦議会議事堂の襲撃事件[*100]に統一教会系の人たちも参加していたように、あれはまさに宗教右派[*101]の話なんです。あるいは人工妊娠中絶をめぐるプロライフ（胎児の生命）とプロチョイス（母体の選択権）の問題[*102]も、とくにプロライフ派の人たちの議論というのは、フェミニズムに対抗しているという点においては政治的に見えがちですが、実はあれは宗教観の争いでもあります。つまり世俗の時代においては、実は社会や政治より、それらを取り巻くもっと大きな、もっと言えばいちばん大きな問題として宗教というものがあるんですね。

だから単なるテロリズムとか暗殺という議論ではなくて、この二一世紀に再び宗教がせり出してきていることの意味を考えなければいけないわけです。政治的な結果とか社会的な影響を及ぼそうと思ったというだけではなくて、むしろ宗教現象と

101 宗教右派：ここでは主にアメリカでキリスト教を信仰する、とくにプロテスタントの中でも聖書を文字通りの真実として解釈する福音派を中心とした保守的勢力の総称。

102 人工妊娠中絶をめぐる問題：アメリカでは主にカトリック教会やプロテスタントの福音派をはじめとする宗教右派の推進する胎児の生命と権利を尊重するプロライフ派、すなわち「中絶反対派」と、女性の自己決定権を重視するプロチョイス派、すなわち「中絶権利擁護派」の対立が存在する。二〇二二年に米国の最高裁は、一九七三年のロー対ウェイド判決を覆し、五〇年間、全米で連邦法の下に認められていた人工妊娠中絶の権利が保障されなくなった。

いうものが……。

池田　山上被告のターゲットであると？

五野井　統一教会という宗教的なものに対する告発という形で、社会や政治に影響を与えるのはもちろん大事なんですが、それ以上に、そもそも統一教会自体を成り立たしめている宗教世界そのものを崩したいという感覚が背後にある気がします。つまり、信仰というわれわれの精神世界の問題を引っ張り出して白日の下にさらしたいと思っている。だから、単なる政治テロとか社会的なものに対してインパクトを与えるテロというものではなくて、これは宗教を主題としたもの、つまり統一教会の世界観の破壊を意図したものとして考えなければいけない。

しかし宗教という話になると、「いや、だって今は近代以降なんだから宗教なんて関係ないじゃないか」というような、それこそ「怪力乱神を語らず」といった雰囲気が濃厚です。けれども、さっきテイラーの話で申し上げたとおり、現代という世俗化した時代にこそ、むしろかつての新宗教の一部や、統一教会などの排他的人間主義、それに伴う拝金主義を前提としたポスト新宗教がせり出してきている、われわれの政治や社会自体を囲うものとして出てきているわけなんです。

池田　その囲っているものが人の財産を奪ったり、人間関係を奪ったりするような、カルト的なものであったら困るわけですよね。

五野井　まさにそうです。

池田　スピリチュアルと言われるものにも、かなり厄介なものがありますね。

五野井　オカルト[*103]的なものや、スピリチュアリティを煽って人々をマインドコントロール[*104]してお金を吐き出させる、統一教会などはまさにその典型です。

池田　そういうものが無批判にはびこっていて、目に余るようなときがありますね。

五野井　それがまさに有田芳生さんがおっしゃる今の日本の失われた三〇年間の姿であって、本来であればメディアと行政の両方が目を光らせて警鐘を鳴らさなければいけなかったことが、なおざりになってきたことによって、いろいろな被害が生じていると思うんですね。つまり今までわれわれが「失われた三〇年」間で見なかったことにしていた宗教現象が、オウム事件以来もう一回出てきた。

その被害者の一人が、当然この山上被告だったと思うし、そういうふうなものに引きずられる形でさまざまな関係を持ってしまった安倍さんという人も、やはり被害者なわけですよね。だって、いかなる理由でも殺されてよいはずがないわけで。

池田　最大の被害者ですね。

五野井　そうです、安倍さんはある意味、最大の被害者です。もちろん安倍さんが宗教を利用したという事実も傍証《ぼうしょう》として挙げることは可能ですし、実際にそうでしょうけれども、それはこれからいろいろな事実が出てくると思いますので、それを待ってから判断すればよいでしょう。

改めて言うと、先ほど申し上げたアメリカの連邦議会議事堂の襲撃事件もそうで

103　オカルト：神秘的・超自然的な現象や説明、出来事をさす語。

104　マインドコントロール：他人の精神状態を操作して心を自分の意のままに操ること。

すし、あるいはこれからもっといろいろなところで起きてくると思いますけれども、われわれの近代社会を成り立たしめているものに攻撃を仕掛けてくる宗教原理主義[*105]などがもたらすさまざまな宗教現象が、政治と結びついたときに出てくる犯罪やテロリズムといったようなものの一つが、今回の事件だったと言えるでしょう。

社会学者の栗原《くりはら》彬《あきら》さんがよく仰るように、政治、経済、貧困、宗教といったように、それぞれを個別に見るのではなく、交差した領域、複合領域で起きた事件だと捉える視座が必要です。先ほどから申し上げていますが、ネオリベラリズムの犠牲者である自らを自己責任で考えるけれど、自己責任でどうにもならなくなってバーストする個人というものが、拝金主義の宗教がもたらし、政府によって野放しにされてきた被害と複合的に重ね合わされたときに出てきた事件だったと思っています。

これから裁判などで明らかになるであろう事件の情報開示も含めて、そうした広い視座でこれから見ていく必要があるんじゃないかなと思います。

「宗教二世」として生きるということ

池田　私は、今回の事件について、とんでもないカルトにお母さんが引っかかったために大学に行けなくて、そのとんでもないカルトの広告塔として信用性を与えていた安倍さんを傷つければ、このカルト宗教に鉄槌《てっつい》を下すことができるんじゃない

105　宗教原理主義：宗教の聖典の教えを杓子定規に捉え絶対視する立場。

かと考えたというふうに、浅いところで、あるいはもう少しよく言えば合理的に考えていたんですが、それだけでは足りないんだと気づかされました。

五野井　むろんそういう側面は明らかにあると思います。むしろ、山上被告自身は大いにそう考えていたのかもしれません。しかし、彼自身も意識していないであろう彼を取り巻いていた社会現象として、もっと広い、われわれの合理的な世界、たとえば経済合理性の世界や政治的合理性の世界[*106]を、より広く包んでいる宗教というものが実はある。だからそうした総体を読み解く上でいわゆる宗教二世という存在が非常に重要になってくるんですね。

池田　五野井さんご自身は、今もカトリックなんですか？

五野井　カトリックです。私の場合、単に宗教二世というだけでなく、もう少し複雑な背景があり、くわえて今は私は積極的な理由と消極的な理由があって教会にはあまり足を運んでいません。

ただ、同じ宗教二世の境遇で育ったものとして考えると、山上被告の家庭環境はある程度分かります。家庭や親族、幼馴染みや、これまでの人生すべてが基本的にすべて同じ宗教共同体の中にいるんですよ。

池田　そうですよね。日曜日だって教会のお友達と遊ぶでしょ。

五野井　だから、家族とか、一族郎党とか、竹馬の友みたいなものを捨てることは、なかなかできない。それは、同じ宗派ではないにしても、少なくとも同じキリスト

106　経済合理性の世界や政治的合理性の世界：経済的・政治的な価値基準に沿って論理的に判断した場合に、利益があると考える世界観のこと。

教徒の友人でもあるんですね。たとえば私のいちばん仲のよかった幼馴染の親友というのはイギリス国教会の信者なんですが、彼の親も信者です。ですから自分がそれらから逃れ出ようとすると、彼らからも剝《は》がされていくわけです。

私の幼馴染みというのはドコモタワーとか東京オペラシティの設計に携わった建築家の息子なんです。オペラシティやドコモタワーが荘厳な感じがするのは、イギリス国教会建築やいくつかのキリスト教建築物を参考にして現代版として設計されているからなんです。実はいろいろなところにキリスト教のアレゴリーが入っているので、造形であれ色であれ、音であれ、一つひとつ意味が読み解ける。逆に言えば、われわれは世の中をそういうものとして生きているわけです。五感にしみついているんですね。ですから、日常生活においてよほど嫌なことがない限りは、そういう宗教共同体からは逃れられないし、なかなか感覚も変えられない、軌道修正できないのです。

池田　出ていこうと思わない。

五野井　基本的に精神的な自由ってないんです。先ほど池田さんがおっしゃいましたが、普通は情操をはぐくむためにしっかり休息を取るはずの日曜日も、日曜礼拝に参加しなきゃいけなかったり、日曜学校に行かされて、朝に見たいアニメを見られないとか、そういう実害があります。サブカルチャー資本というのは九〇年代以降は北大西洋世界では最も大事な文化資本の一つですから、真面目な話、日曜の朝

107　聖書解釈：二千年以上もの時間的隔たりと歴史的・文化的隔たりのある聖書に書かれている内容を読み解き解釈すること。

108　『リヴァイアサン』：英国の哲学者トマス・ホッブズが一六五一年に記した著作。この著作によってホッブズは近代国家論の創始者とされる。なお第二部第三一章から第四部第四七章とラテン語版の附録全章がすべて、神と聖書、教会、信仰についての記載となっている。

のテレビを見られないというのはかなり致命的なんです。そうした中である種の「洗脳」がなされていくわけですね。私は実際、小中学校時代ずっとカトリックの日曜学校に通わされていて、外国人のさまざまな神父たちに聖書解釈を叩き込まれていくわけです。

そうやって育ったので、今の日本の学問、とくに人文社会科学の中でも哲学系とか、政治哲学、社会哲学といったものがまったく苦ではなかった面もあります。なぜなら、それらはキリスト教的な素地が理解に大いに役立つ部分がある世界なんです。ホッブズの『リヴァイアサン』[*108]も、ジョン・ロックの『統治二論』[*109]も、多くの部分は宗教の話ですから。

池田　マックス・ウェーバー[*110]も『古代ユダヤ教』（岩波文庫）という本を書いていますが、有名なのは『プロテスタンティズム[*111]の倫理と資本主義の精神』（岩波文庫）です。たしかにプロテスタンティズムが分からないと彼の思想を理解できませんね。

五野井　そうなんです。そういう意味で言うと私は、物心《ものごころ》がついたときにはすでに聖書解釈をやらされてきたわけだから、ある意味下駄を履かされてきたんですよね。ただ、やっぱり途中で嫌になってバーンアウトしてしまったんですが。

いわゆる中二病[*112]というのか、それくらいの年齢になったときにグレていったんですが、それでも結局、家のしがらみというものはあって、自分にはどうやら物を読み解釈する特性、つまり読み筋というのがあると気づくわけです。それは毎週やっ

107　聖書解釈（※注番号のみ）

109　『統治二論』：英国の哲学者ジョン・ロックが一六八九年に出版した著作。前編がロバート・フィルマーによるアダムの継承者としての王という王権神授説に対する反論となっている。

110　マックス・ウェーバー：ドイツの社会学者、政治学者、経済史・経済学者。ヨーロッパ近代の原理を合理性であるとし、宗教社会学の手法で解明しようとした。スペイン風邪により死亡。

111　プロテスタンティズム：キリスト教プロテスタントの思想。聖書に基づく信仰を重視する。聖職者の優位性はカトリックよりも弱い。

112　中二病：中学二年生の頃の思春期に見られる態度や物言いのこと。

ていたことですし、日本語ではない文章で読まされていたものもありましたから、ある程度できて当然なわけです。私の場合、それがたまたま統一教会ではなくてカトリックだったわけで、それがたまたま今の世界で優勢な学問の特性にカチッと合っていたから、たまたますごく運がよかっただけにすぎないんです。

でも、これは本当はよくないことで、今は改善されたそうなので私は日曜学校全体を否定するつもりはないし、宗教教育自体を否定するつもりもないのですが、子どもにも当然、人権はあるわけです。「児童の権利に関する条約（子どもの権利条約）[*113]」の一四条第一項に「締約国は、思想、良心及び宗教の自由についての児童の権利を尊重する」と書いてあります。ただ、日本はこの条約を少なくとも九四年には批准しているわけですけれど、普及していないですね。

私や山上被告のように親が宗教を持っていた場合、その宗教は子どもたちの人生も多くの場合は不可逆的に変えてしまうことが多いんですね。だから子どもが自分で自由に選択したり、あるいは距離を取れるようにすることがすごく大事だと思います。けれども、実際問題としてそれは親もできていないし、国もできていない。

あるいは先ほど池田さんがおっしゃったように、むしろ宗教の側がさまざまな手を使って子どもたちを染め上げていく場合もあるわけです。宗教によっては、搾取したり、マインドコントロールをほどこしてお金をむしり取っていくこともあるわけで、やはりそういうことをしないように、させないように何らかのしっかりとし

113　児童の権利に関する条約：子どもの基本的人権を国際的に保障するために定められた条約。一八歳未満の児童を権利を持つ主体と位置づけた。一九八九年の第四四回国連総会で採択、一九九〇年に発効。日本は一九九四年に批准した。

た法的対策を取っていかなくてはいけないし、施策を講じなければいけない。

霊感商法[*114]などの悪質な契約の取り消しが可能になる消費者契約法の改正案[*115]以外にも、寄付の強要を規制する新法制定も必要ですね。あるいは行政やメディア、ジャーナリズムの側からもいろいろな告発をしていく必要もあると思います。

あるいは、それらと並行して、現在そうした状況に置かれている子どもたちや、成長した宗教二世、三世たちに対して、洗脳を解いてやる仕組みを作ることも必要だと思います。私のように非常にたまたま運よく道を踏み外すと、「ああ、本当に怪力乱神を語らずなんだな」と気付くこともあるんですが、やはり理不尽な家庭環境から逃げ出せず、踏み出せない宗教二世、三世の人はたくさんいるんです。

池田　そこはどうバランスを取るか、なかなか難しそうです。

五野井　日本には憲法が保障する信教の自由があるわけですが、たとえば収入の一〇パーセントを必ず寄付しなくてはいけないという宗教は、いくら信教の自由といっても、本当に自由にさせていていいのかと考えなければいけない時期に来ていますし、そういうところからまず疑ってみることが必要になると思います。

池田　子どもの権利条約が全然普及しないと言いました。「こども庁」が出来るというときに、ようやくこの条約を実現する担当の役所が出来ると思ったのですが、ご存じのように自民党右派の圧力で「こども家庭庁」になってしまった。

親として子どもの信教の自由を守る。守りつつ親自身の信教の自由も守るという

114　霊感商法：単なるつぼや数珠、印鑑、置き物などを、あたかも超自然的な霊力があるように、言葉たくみに思わせて、不当に高い値段で売り込んだり高額な祈禱料を要求する商法。

115　消費者契約法の改正案：霊感等の知見を用いた勧誘による消費者被害の深刻化に対応するため、「消費者契約法及び独立行政法人国民生活センター法の一部を改正する法律」が二〇二二年一二月に成立し、二〇二三年一月に施行された。

のはなかなか難しくて、とくに日本人はそういう訓練が全然できていません。五野井さんがおっしゃるように、宗教とかスピリチュアルなものがまわりを囲むような時代、社会になっていくとなると、今回その問題がクローズアップされた統一教会だけではなく、どのように人が宗教と関係を保っていくかという、宗教リテラシー[*116]みたいなものが必要になってくると思います。

五野井　本当にそうですね。たとえばこれまで小学校・中学校で性教育を誤魔化してきたのと同じように、宗教教育も誤魔化してきたことがたくさんあると思うんです。保守主義が拠り所にしがちな「家庭」を考えていく上では、宗教同様に性教育の見直しも本当に必要です。

池田　政治教育も。

五野井　まさにそうですね。政治教育と性教育と宗教教育。この三つですね。しかし、とりわけやはり宗教教育なんです。信仰というものが何にも勝る部分はもちろんあるんですが、それが本当に合理的なのか非合理的なのか——非合理的なのは当然ですよね。信仰というのは多くの場合は非合理的なものだからです。

たとえばキリスト教における奇跡の定義[*117]というのは、おおよそ自然法則に反することです。自然法則に反することを行うと奇跡になるわけです。たとえばそれを奇跡として認定して信じると証《あか》しを立てることがカトリックでは信仰の一つの重要な核になっているんですが、でも、それを妄信するのではなく、どういうふうに自分

116　宗教リテラシー：宗教とは何かを知り、他者と異なる信仰を持つことへの理解を深め、カルトやエセ宗教を見分けるために必要な知見。

117　奇跡の定義：キリスト教の教会法では、近現代の奇跡の認定について厳格な手続きを定めており、簡単に奇跡とは認められない。なおキリスト教の主の祈りにある、「みこころが天に行われるとおり地にも行われますように」は、そのまま地上すなわちわれわれの世界で行われる奇跡を願う祈りでもある。

の中で整合的に折り合いをつけられるのかということを自分で考えて説明できなくてはいけないと思うわけです。近代的合理性では説明がつかないことを信じている人たちがいるとして、そのときに、それらの信仰と政治の関係はどうあるべきなのかとか、教育との関係はどうあるべきなのかをつねに見直していく必要があります。

池田　政治リテラシー[*118]もなければ、宗教リテラシーもないと、うまいことやられてしまいますね。今回の事件は、そういう大きな問題を私たちに突き付けたところがあると思います。

五野井　もちろん今の日本にも政教分離[*119]というのは憲法にあります。たとえば、政治と宗教の関係を日本国憲法第二〇条一項では、「信教の自由は、何人に対してもこれを保障する。いかなる宗教団体も、国から特権を受け、又は政治上の権力を行使してはならない」と規定しています。この条文は政治や国家から特定宗教への優遇があれば「政教分離」の原則上、問題となることを意味しています。もしそれを許してしまえば、特定の宗教に国が乗っ取られることになりますから。

たとえば旧統一教会の友好団体である「世界平和連合」「平和大使協議会」が二〇二二年の参院選やその前年の衆院選の際、自民党議員に対して選挙支援する見返りに憲法改正や家庭教育支援法の制定、安保体制の強化、そしてLGBT問題と同性婚合法化への慎重対応、「日韓トンネル」実現推進[*120]、反共産主義などに賛同するよう明記した「推薦確認書」を提示し、署名を求めていたことが報道されました。

118　政治リテラシー：民主主義に能動的に関わっていくために市民に求められる知識と能力。

119　政教分離：国家と宗教とを分離させる憲法上の原則のこと。

120　日韓トンネル実現推進：九州と韓国・釜山を海底トンネルで結ぶ構想。建設費用は一〇兆円ともいわれる。一九八〇年代に統一教会の教祖・文鮮明が提唱してから四〇年がたっても実現の見通しがなく、信者から献金を集める口実になってきた経緯がある。

これらは政教分離に大いに関わる問題です。

ただ、かといって、ではフランスのようにライシテ[*121]に基づいて公共の空間でスカーフを被って着用すること[*122]を禁止にするのも、また少し違うと思うんです。でも、政教分離を徹底していくと、そういうことをやろうとする右派が必ず出てくるでしょう。統一教会の件に乗じて創価学会と公明党を排除しようとする動きもあるようですが、創価学会が支持基盤となっている公明党は、別に特定宗教への優遇を与党として行っているわけではありませんから、政教分離違反には当たりません。こういうことはしっかり述べ伝えておく必要があります。

ですから公の空間における宗教というのがどういうものなのかも、何が政教分離違反に当たるのかも考えなくてはいけないし、今日の問題で言えば、そもそも人を明らかに搾取しているような宗教団体に対しては、やはりわれわれが社会としてしっかりと主張していかねばなりません。

池田　有力な政治家がそうした団体の広告塔になっていたことを、今まで私たちは知らなかったり、見逃していましたね。

五野井　あるいは「そういうものなのだろうなあ」というふうに目を瞑《つむ》ってきた。

でも、そうしたものときっぱり決別するか、あるいはリスクを取ってでも「そういう勢力と私たちは結託してやっていきます」と言うか、どちらかだと思うんです。まあ、さすがに後者は世論が許さないでしょうが。

121　ライシテ：フランスにおける独自の政教分離原則のこと。

122　公共の空間でスカーフを被って着用する：フランスに暮らすアラブ系ムスリムの少女たちが公立学校でスカーフを纏う「表現の自由」とライシテをめぐる「スカーフ論争」のこと。一九八九年、パリの北にあるクレイユの公立中学校に、三人のマグレブ出身の女子生徒が、ヒジャブと呼ばれる頭髪を覆うスカーフを被って登校したのに対して、校長が彼女らに授業に出ることを禁じた事件に端を発する。イスラモフォビア（イスラム嫌悪）の極右のみならず、リベラル系の知識人たちまでもがスカーフを「男尊女卑の象徴」「ライシテに反する」「着用禁止は家父長制からの解放」などと

池田　しかし、そうしなければなりませんよね。今でも山上被告のように本当に苦しみ抜いて四〇歳を迎えてしまう子どもたち、若者がいるんですから。

五野井　あるいは安倍元首相のように、本来こんなことで死ななくてもいい人が死んでしまうわけです。彼だってまったく予測していなかったでしょう、あんなふうになるなんて。あんな死に方をするなんて。

池田　三〇年大丈夫だったから大丈夫だろうと思っていたのかもしれませんね。

五野井　いや、そういう意識すらたぶんなかったのだろうと思います。故安倍氏の母親の安倍洋子さんが参議院選挙の前に「あまり深く教会と関わらないほうがいいわよ」と助言したそうですけれど、それにも聞く耳を持たなかったわけですから。

おそらく悪いことではないと考えていたと思うし、本当にたぶん安倍さんの中では自然なことだったと思います。なぜなら政治家と宗教というのは、たとえば石原慎太郎さんも自分の息子たちを全部違う教団に入れたりとか、そういうものも含めて、ある種、日本は政治家が宗教に対して文字どおり致命的なほどにルーズだったと考えられます。

けれどもそれが、今回の山上被告による安倍元首相の銃撃事件を契機に、いろいろな自己点検をしなくてはいけなくなった。そうやってセルフチェックをしていかないと、思わぬところで問題が生じてくるということがあるでしょう。

池田　政治も宗教も人間に対してものすごく大きな、のっぴきならない力を及ぼす

主張しスカーフの着用禁止を進めようとした。

ものですから、私たちは注意しなくてはいけないし、リテラシーを身につけてそういうものから子どもたちをどのように守っていくかについて考えなければいけない。そうしたことを、これまであまりに怠っていたと、今回、非常に痛感させられました。

五野井　そうなると、やはり必要なのは子どもの権利条約第一四条をまずしっかりと貫徹していくことです。それは政府と文科省がしっかりと進めていくことだし、旧統一教会の宗教法人格の取り消しこそ急務でしょう。

今回この件で宗教二世、三世にいろいろな焦点が当たっていますから、そういう方々のケアを丁寧に行っていくということも、今回のような事件を二度と繰り返さないためにも、今こそ求められていると切に感じます。

池田　一過性でなく、社会に根づいたサポートをしていかなければなりません。私たちは今回、山上被告のツイッターを見ましたけれど、彼は本当に苦しんでいる。そして、こういう人はたくさんいます。私たちはこの現状をどうしていけばいいのか、真剣に考えたいと思います。

第二部

山上徹也、あるいは現代日本の肖像

五野井郁夫

山上被告の生い立ち

山上徹也被告は、一九八〇年九月、裕福な家庭の三人兄妹の次男として東大阪に生まれた。ツイートでの引用から察するに、おそらく彼の愛読書はドストエフスキーの『カラマーゾフの兄弟』やアーシュラ・K・ル＝グウィンの『ゲド戦記』だろう。そう、彼はあなたや私と同じく、本を愛する文学少年だったのだ。鬼束ちひろやレッド・ホット・チリ・ペッパーズ、斉藤和義などを聴き、手塚治虫の『ブラック・ジャック』も好きだったようである。

京都大学卒の父は土質の専門家で、日本各地でトンネル工事を行っており、山上被告の祖父が経営していた建設会社で取締役に抜擢《ばってき》されたという。家族について本人は、「**父の兄は弁護士、母は大阪市大卒の栄養士、母方の叔母は医者だった。そんな環境でオレは優等生として育った。オレの努力もあったが、そういう環境でもあったのだろう**」(2019-12-7)と述懐している。父は大阪市大を卒業した母親と一九七八年にお見合い結婚をし、まず兄が誕生、そして程なくして山上被告が生まれた。兄は生後間もなく病気と診断され頭を開く手術を受け、一〇歳ごろの手術で片目の視力を失った。学者肌だった父には現場の仕事が合わず、酒に溺れるようになると、母親にDVを繰り返し、アルコール依存症とうつ病に蝕まれていった。一九八一年の母親の母(山上被告の祖母)の死、そして山上被告が四歳のときの一九八四年一二月、父のマンションからの飛び降り自殺という二つの悲劇的な出来事をきっかけに、山上被告の母親は一九九一年に旧統一教会に入信し、のめり込んでいった。山上被告のツイートによれば祖父が父を自殺に追い込んだのだという。父親の自死のさい、病弱な兄は五歳だった。一九八五年一月には妹が生まれているが、妹は当時まだ母親のお腹の中にいた。この頃に東大阪から母方の祖父が暮らす奈良の実家へと引っ越しをした。

山上被告が一四歳という多感な時期を迎えた一九九四年頃、統一教会のせいで家庭は崩壊していた。母は、すでに亡くなった夫の死亡保険金六〇〇〇万円を統一教会に献金していた。彼のツイートによれば**「オレが14歳の時、家族は破綻を迎えた。統一教会の本分は、家族に家族から窃盗・横領・特殊詐欺で巻き上げさせたアガリを全て上納させることだ。70を超えてバブル崩壊に苦しむ祖父は母に怒り狂った、いや絶望したと言う方が正しい。包丁を持ち出したの《ママ》その時だ」**(2020-1-26)と、祖父は山上被告ら孫たちの前で母を殺そうとしている。こうした状況下でともに暮らしていた祖父からは、**「自分の(母親の)育て方が悪かった、父と結婚させた事が誤りだった、本当に済まない」**(同日)と土下座され、田舎に帰るか出て行くよう懇願されたという。その後も年に一、二度荷物をまとめて出て行くように迫る祖父から山上少年を守ってくれたのは、他でもない統一教会にのめり込んでいた母親だった。この母の愛が、山上被告を以後も縛ることになる。

この時期、山上被告は祖父が周囲に自慢できるほどの県内有数の難関校を受験し進学している。ではそのまま難関大学に行くのかといえば、そうではなかった。借金清算のために、会社や自宅を売却してお金がないと母から聞かされていた山上被告は、お金のかかる大学進学を諦め、手堅く手に職をつけてすぐにでも稼ぐことができるよう、親族の援助でなんとか消防士養成のための専門学校に通うことになる。しかし実際には一九九八年に祖父が亡くなり建設会社の代表取締役に就任した母は、相続した財産である会社事務所と自宅を売却して得た四〇〇〇万円以上の大金をまた統一教会に献金してしまう。自分が大学進学を諦めたのが借金清算という経済的な理由ではなく、多額の現金が統一教会に渡ったためだと知ったのは、それから一〇年以上後だったという。母を信じていたことについて「最も救いがないのは、母を殺そうとした祖父が正しい事だ。オレは母を信じたかった。それ故に兄と妹とオレ自身を地獄に落としたと言われても仕方がない」（2019-12-7）という山上被告のツイートからは、やり場のない感情がにじみ出ている。その後、山上被告は自衛隊に三年任期で入隊し、自衛官となるも兄や妹のために、保険金が渡るよう自殺を図っている。自衛隊退官後は資格を取得しつつ、事件までずっと長い間職を転々とすることになる。その頃のことについて、島根県在住のジャーナリスト・米本和広氏に犯行直前の二〇二二年七月七日に投函した手紙で、「母の入信から億を超える金銭の浪費、家庭崩壊、破産…この経過と共に私の10代は過ぎ去りました。その間の経験は私の一生を歪ませ続けたと言って過言ではありません」と振り返っている。また、文春オンラインの『「一人暮らしの家でガリガリに」『鬱でSNSをアラビア文字に…』現役大学生が綴るコロナ禍1年間の現実」という記事に対して「言っちゃ何だがオレの10代後半から20代初期なんかこれ以下だよ。社会問題として支援が呼び掛けられる様は羨ましいとすら思う」（2021-2-28）と当時を思い起こしている。

こうした人生の中で山上被告はこう自問自答する。「オレを殺したのは誰だ」（2020-1-18）と。そして山上被告の以下のツイートは、山上被告を生きながらにして「殺した」かのような人生にした犯人を言い当てており、また彼の半生を凝縮しているように読めるのである。

ええ、親に騙され、学歴と全財産を失い、恋人に捨てられ、彷徨い続け幾星霜、それでも親を殺せば喜ぶ奴らがいるから殺せない、それがオレですよ。（2019-10-23）

同様に、山上被告が「この時代のこの人の輝きが永遠に残って欲しい思う」（2020-1-23）とツイートした鬼束ちひろの歌の歌詞も、統一教会内で「神の子」は特別な意味を持つことから、この歌は彼にとって半生の映し鏡だったことだろう。

I am GOD'S CHILD（わたしは神の子）
この腐敗した世界に堕とされた
How do I live on such a field?（こんな場所でどうやって生きろというの?）
こんなもののために生まれたんじゃない　（鬼束ちひろ「月光」〈作詞・鬼束ちひろ〉より抜粋）

では有名進学校に進んでいた山上被告は、ある程度貯蓄をするなどして、大学進学や人生に「再チャレンジ」しようと思わなかったのだろうか。

ロスジェネとしての山上被告

「再チャレンジ」という言葉は二〇〇六年の第一次安倍政権で、内閣府特命担当大臣の一つとして「再チャレンジ担当大臣」が設置され、人口に膾炙《かいしゃ》した。この役職は、一九九〇年代から二〇〇五年まで続いた就職氷河期で就職が困難となり、数百万人規模でフリーターやニートとなった不安定雇用の当時の若者たちに向けての施策として設けられたものだ。しかし、この施策は今日までうまくいかなかった。たとえば、兵庫県宝塚市が二〇一九年に「就職氷河期世代」に限定した正規職員の採用を始めたところ、三名程度の募集に応募者が一八一六人も殺到した。倍率は約六〇〇倍である。ちなみに超難関とされる宝塚音楽学校の二〇一九年倍率は二二・九倍であったことからも、この約六〇〇倍という数字がどれほど異常な競争率かうかがい知れることだろう。結局四名が採用となった。その中の一人は関西の有名私立大学出身の四五歳男性で、大学在学中一〇〇社以上に応募したものの他の同世代同様に内定はもらえず、アルバイトや非正規の販売員を渡り歩き、七つの職場を転々とした。結婚を考えた女性もいたものの、収入が不安定で結婚には踏み切れなかったという。よくある話だ。このように、一度でも人生を狂わされたり、この日本社会で一般的とされるコースから外れたものが「再チャレンジ」することは、いまだに極めて難しいままである。「再チャレンジ」という言葉は、どちらかというと山上被告に射殺された安倍晋三元首相こそふさわしい言葉に思える。一度首相を辞職した後に、第二次安倍政権に始まり第五次まで再チャレンジできたのだから。だがロスジェネ世代のほとんどにとって「再チャレンジ」は、自分には関係のない夢のまた夢のままであり続けている。このような山上被告の世代にとって、日本社会はどう見えていただろうか。

山上被告は、日本のバブル時代を知らない。では、彼はどの世代に属するのだろうか。山上被告を含む、一九七〇年代半ばから一九八〇年代半ばまでに生まれ、就職氷河期にぶち当たった世代を、ロスジェネ世代という。ロスト・ジェネレーション、つまり「失われた世代」である。「失われた世代」といっても、一九二〇年代のスコット・フィッツジェラルドのような、一八九〇年代に生まれ、第一次世界大戦に何らかの形で参戦し、それぞれに心身に傷を負い、のちにアメリカに帰国し一九二五年前後に代表作を発表した小説家の一群のことではない。Netflixで二〇二二年後半に一世を風靡した満島ひかり主演のドラマ『初恋』では、山上被告と同世代の脇役・占部旺太郎（濱田岳）が主人公の女性に自己紹介をするところで、「不運、不遇、受難と書いて占部旺太郎です」と自虐的に述べるシーンがある。この脇役・占部はこう続けるのだ。「ぼく大学の史学科で木簡の研究してたんだけど」「こんなの就職活動には何にも役に立たなくって」と。「木簡」は近年しばしばツイッターなどのSNS上で、木簡を読めても、実学のように稼ぐことはできないので無用の長物として揶揄《やゆ》されるものの代表格である。脇役の占部は続けて言う、「ぼくらってほら、ロスジェネ世代じゃない？」「就職の面接で、一〇〇社全部落ちて、頑張っても努力が足りないって言われて」と。こうした自分の世代について山上被告は**「残念ながら氷河期世代は心も氷河期」**（2021-2-28）とツイートしている。もう心が疲れ果てていたのだ。

　山上被告に代表されるロスジェネ世代は、多少なりともこうした挫折の経験を経て、真面目な者ほど他者からの「努力が足りない」という心ない発言を真に受け、うまくいかないのは自分のせいだと考える新自由主義の自己責任論や、以下のような成田悠輔氏や落合陽一氏の主張に近い老人の命の軽視、優生思想をいつしか内面化するようになっていったのである。

無制限に高齢者医療に国費を投入し続けるなら、医療の進歩に従って増え続ける寝たきり老人を生かす為に全ては存在するようになる。寝たきり老人による命の選別。(2020-7-8)

逆だね。優性《ママ》思想の否定こそが人間の否定。人間性を否定し尽くした純粋な共産主義にしか優性《ママ》思想のない社会はない。その行き着いた先がポルポト。(2020-7-25)

だが山上被告本人は国家が弱者に対して明らかに冷淡で理不尽な態度を取っている問題を、以下のように正しく理解し指摘している。

#生活保護は権利

だが「国家(或いは市民)の義務」とは言わない。

何故なら彼等の仕事は支給しない理由を探す事だからである。

ちなみに支給しない逃げ道がない場合の彼等の仕事は如何に受給者の自尊心を砕くかである。
(2021-1-13)

ロスジェネ世代についての詳細は作家の雨宮処凛による『生きさせろ！』（ちくま文庫）に譲るが、ロスジェネ世代というのは、いわば木簡のようにまるで生産性からはかけ離れた存在として扱われる世代である。つまり、世代ごと生産性の外に置かれ、だが本人たちはそれなりに学があるのに頭ごなしに教養は無駄だと存在を否定され、自尊心を砕かれ続けて久しい世代なのだ。

基本的に上昇気流に乗ることができた世代と異なり、上昇気流そのものがない世代では、己の不遇を受け入れ、「まだ努力が足りないから」と新自由主義を内面化する以外に生きていく道はない。真木《まき》悠介《ゆうすけ》（見田宗介）の『気流のなる音』（ちくま学芸文庫）のように、翼を持つことも出来ず、歯を食いしばって地を這《は》い耐える以外に、人生をやり過ごす道はないと思い込まされて育ってきてしまった、そんな世代である。この世代のど真ん中の山上被告が徹頭徹尾、自己責任論者のポジションであり続けているのも、こうした理由からであろう。それゆえ後ほど触れる、ベーシックインカムへの言及を別として、「公助」や「共助」の言葉は山上被告の頭の中にあっても、本人が積極的に選び取る語彙からは抜け落ちている。彼は、ひたすらに自身を追い詰めること以外の選択肢を持ち得ないように育ってしまったのである。新自由主義を内面化してしまった者にとって、この世界に「尽きなく生きること」（見田宗介）とは、すなわちどこまで苦しくともすべて独りで抱え込み、自己責任を貫徹することでしかないのだった。

山上被告はネトウヨだったのか？

山上被告の思想と行動に内面化された新自由主義はどこから来たのか。そして彼は何を憎んで敵視し、何を自分に近しいものと思っていたのだろうか。社会学者の伊藤昌亮はTogetterにアーカイブされている山上被告のすべてのツイート、一一四七件の頻出語をカウントしている（同研究では本書のようにリツイート等を含む一三六四件ではなくリツイートを除いている。引用リツイートについても当人のコメント部分だけを含むものとして分析している）。すると一位が「憲法」で出現数は六三回、二位が「米」で五一回（アメリカの意、なお別に一五回出ている「アメリカ」という語を足すと六六回）、三位が「女」で四九回（なお別に三九回出ている「女性」という語を足すと八八回）、四位「差別」で四七回、五位「安倍」四六回（なお別に一二回出ているおそらく誤記の「安部」を足すと五八回）、そして続く六位が今回の安倍晋三元首相銃撃事件の動機となった「統一教会」で四四回だった（伊藤昌亮「山上徹也容疑者の全ツイートの内容分析から見えた、その孤独な政治的世界」現代ビジネス、2022.08.12）。

それらの語のみをカウントしただけでは意味をなさないので、伊藤は各語からなるテーマや否定的な感情とどれだけ強い結び付きがあるのかという、「憎悪度」「嘲笑度」も分析に加えたところ、憎悪度が高かったのは昇順に「統一教会」、「家族」、「韓国・北朝鮮」といった語であり、また嘲笑度が高かったのは、昇順に「左派・リベラル」、「憲法・安保」、「韓国・北朝鮮」であった。また、「ジェンダー」といったテーマは「格差社会」との関連で、また「統一教会」は「韓国・北朝鮮」「家族」「安倍」との関連で語られることが多かったという。なお、「安倍」はそれだけではなくさまざまな文脈で、くわえて「皇室」はほぼ独立して語られる傾向があった。

ツイッター上で言及されている話題の関心や「韓国・北朝鮮」への憎悪、「左派・リベラル」

への嘲笑という点だけに注目すると、山上被告は典型的なネトウヨ（ネット右翼）と括られそうである。では実際に山上被告はいわゆるネトウヨだったのだろうかといえば、そんなに単純な話ではないことが分かってくる。

山上被告の憎悪の対象となっていた「統一教会」「家族」「韓国・北朝鮮」については、たしかに宗教二世である彼の壮絶な半生とそこにつねに影を落とし続け、家族をズタズタに引き裂いた「統一教会」に対する憎悪感情、統一教会の価値観である「家族」というものに対する屈折した感情がうかがえる。また統一教会の教義が、韓国を「アダム国家」、日本を「エバ国家」と定義し、近代日本による韓国を含む朝鮮半島全体の植民地支配に対する贖罪《しょくざい》の一環として、日本の信者にのみ常軌を逸した莫大な額の献金をするよう促すものだったことも、忘れてはならない。

こうした背景から、山上被告は日本の戦後民主主義ならびにリベラル、そして左派に共通する朝鮮半島に謝罪すべきとの立場や、一九九三年の河野談話、一九九五年の村山談話に代表される政府がリベラルだった頃の姿勢は、統一教会の日本に贖罪を求める教義を勢いづかせてしまうだけの賢慮を欠いた姿勢だと考え、侮蔑したであろうことは想像に難くない。

だが、これだけが山上被告の嫌韓の理由ではないだろう。というのも「差別・ヘイト」「統一教会」に関わる語で「韓国」などの一般的な語に次いで頻出するのは「慰安婦」「朝鮮学校」「在日」「植民地」「徴用工」であり、くわえて差別排外主義者が持ち出す「朝鮮進駐軍」への言及もあり、**「従兄弟は在日韓国人と結婚するという。何故オレをこれ以上苦しめようとするのか？」**（2019-12-7）という、自身の家族に韓国人が連なることをあからさまに嫌悪するツイートや、また以下のツイートを見る限りでは、統一教会憎しを差し引いても、典型的な嫌韓やヘイト感情が確認できるからだ。

世はヘイトだ差別だ喧しいが、統一教会というものを知れば知るほどその異常性の発生源に民族から切っても切り離せないもの、民族性と言うしかない物が通底している事に気付くだろう。(2019-10-14)

「わが国にエイズはない」と豪語する北朝鮮で強化されるエイズ検査(高英起) - Y! ニュースこれも統一教会の異常性が民族に由来する事を示す例の一つ。(2019-11-3)

「朝鮮学校ヘイト」など存在しない。君らが大嫌いな差別主義者を「ヘイト豚」侮蔑するのと同じこと。犯罪者が自由を奪われるのと同じこと。日本人が敵なのではない、全世界が北朝鮮の敵なのだ。子供の事を思うなら非難すべきは好き好んで朝鮮学校に通わせる彼らの親と、そんな学校の存在を許すこと。(2019-12-19)

山上被告は統一教会の異常さを非難するさい、その原因を朝鮮の民族に由来するものだとして断罪するなど、差別主義的な言動を隠さない。ことわっておくと、異常さを教義とするカルト宗教はなにも統一教会に限らない。例を挙げれば切りがないが、初期の統一教会の血分けの儀式と同様のもので信者を縛ったものに、たとえば一九六九年にロマン・ポランスキー監督の妻で当時妊娠中だった女優のシャロン・テートを惨殺した、いわゆる「シャロン・テート事件」を引き起こした、教主チャールズ・マンソン率いる新興宗教がある。マンソンは一九六七年の「サマー・オブ・ラブ」が六八年には終焉しつつある中、ヒッピーたちがこれまでの夢とヴィジョンを見失いつつあったときに、自らをキリストの再来と称して教団を形成した。聖典と仰いだのはすでにヒッピーたちの聖典であったビートルズの『ホワイト・アルバム』だった。マンソンはビートルズの各曲の歌詞から「啓示」を読み取り、長髪で髭を伸ばしたキリストと自身のヒッピースタイルを重ね合わせることで、全米から家出してきた若者らに絶対的な父親として振る舞った。そして乱交的なセックスとLSDを使用した「儀式」によって、若者らを洗脳して「ファミリー」すなわち家族を形成し、即席の武装殺人集団へと仕立て上げた。ビートルズを聖書に置き換えれば、初期の文鮮明による統一教会の活動とも似た部分をいくつも見て取ることが可能だろう。

このように、統一教会の異常性を説明するのに、韓国や朝鮮民族をいわば独立変数として原因であるかのように論じることについては、とくに科学的合理性はない。統一教会がなぜあのような教義になったのか、日本を敵視しているのかについては、山上被告も実は自身で独自の解答を見出している。それは歴史的経緯、つまり日本の大日本帝国時代の朝鮮半島支配をなぞっているというものだ。

大日本帝国が大戦時に皇民化教育として行った天皇と日本民族の絶対化を模倣し、統一教会

は韓民族の絶対化を行っているのである。北朝鮮もまた別種の大日本帝国の模倣である。大日本帝国は世界を相手に戦って滅んだが、彼らが滅びるのはいつであろうか。（2019-10-14）

そう、山上被告は日本が行ってきた日本民族の絶対化こそが、統一教会の教義の中に入り込んでいる韓民族絶対化の源流だという答えを、自ら導き出しているのである。ここでは統一教会の教義が日本民族の絶対化のミメーシス（模倣）としての「韓民族」の絶対化であって、「韓民族」を原因とは考えていない。こうした解答を過去に見出しておきながら、その後には先に見たとおり、「統一教会というものを知れば知るほどその異常性の発生源に民族から切っても切り離せないもの、民族性と言うしかない」や「これも統一教会の異常性が民族に由来する事を示す例」へと、いつしか朝鮮の民族そのものを問題の源泉だと考えるようになってしまっている。

これらは、日本のリベラルや左派からすれば、分かりやすく嫌韓であり、排外主義、差別主義、ネトウヨに括られる類いの思想の持ち主ということになる。「ニュース女子裁判」についても「**旅費支給でも旅費に足りなくても『経済的支援』に変わりない。後はそうして集めた基地反対デモが『犯罪行為も厭わない人々』か否かの問題。しばき隊が関わっていたなら黒でいいと思うけどね**」（2021-4-2）と、早計な判断を下していることからも、そうした傾向があることは確かだ。ちなみに今のロスジェネ世代から下のゆとり世代、ミレニアル世代くらいまでは、実は素朴な保守やネトウヨ層がそれなりに多い。実際に山上被告にも帝国日本のアジア侵略について「**例外的なフィリピンの一事をもって『アジア解放は出鱈目』と言い張るしかないんだから言わずもがな**」

(2019-11-7)と、アジア解放の側面もあったと正当化しようとする言動も存在する。くわえて「綺麗に『娼妓と同様』を無視する所に慰安婦問題の本質がある。政治的意図の証明」(2019-12-7)と、慰安婦問題に対しても歴史修正主義的な立場と態度を隠さない。それどころか、その後も韓国については、次のように、あからさまな憎悪と敵意を隠さないのである。

> 韓国というのは、彼らの民族性をして何をどうしても周りに負の影響しか与え得ない国なんだよ。(2019-12-7)

> はっきり言えば単に一刻も早く死に絶えた方が《マ》方《マ》がいい奴らなのだが、神は奴らを見捨てないだろう。その醜さ故に。(2019-12-7)

けれども、素朴な保守・ネトウヨ層と山上被告を同一線上に語るのは早計に過ぎるというものだ。というのも山上被告自身が、なぜ右派の側に振れざるを得ないかを、自身が統一教会の被害者であるため、「日本は戦争責任を認めて韓国に謝罪すべきだ」という戦後民主主義やリベラル、そして左派が取ってきた立場を採用することはできないと拒み、自身が差別主義者やネトウヨだとレッテル貼りされることを、強く拒絶しているのである。なぜなら山上被告自身の論理では、彼はまず第一義的には統一教会の被害者なのであって、断じて朝鮮半島や韓国に対する「差別者」「加害者」ではないという。おそらく本人は頭では分かっていても「母を唆《そそのか》した韓国人によってかけられたオレのこの呪いは、善悪の彼岸によってしか贖われない。理屈ではないのだ。そう、韓国人が日本人を憎むのと同じように。それがオレにかけられた呪いだ」(2019-12-7)と、山上被告本人の嫌韓意識が、理屈では片づけられない感情であることを吐露しているのだ。だからこそ反差別運動やリベラルの立場に対しては「単なる差別問題にすり替える事がどれほど罪深いことか」(2020-12-1)と述べ、「オレが集団としての韓国人を許すことはないし、それに味方する日本人を許すこともない。父と母と兄と妹と祖父にかけて」(2019-12-7)と、たとえ歴史的に日本の戦争責任について正しい主張を行っていたとしても、反差別運動やリベラルらを「それに味方する日本人」とあえて雑に括るのだった。そして朝鮮学校への攻撃をレイシズムやヘイトだとして非難する者らに対しては「いや在日はまだしも、チョゴリ着たら炎上するってナチのコスプレしたら叩かれるのと同じだよね。世界最悪の非人道的独裁国家が指定するから着てるんだよね、朝鮮学校の学生は？　子供の責任ではない？子供利用して示威行動してるんだよね？」(2020-12-1)と、やはり敵意を隠さない。そして単なる考えなしのネトウヨと、自身の半生での統一教会からの被害ゆえに同調できない立場である山上被告を一緒くたにして雑に措定《そてい》する戦後民主主義やリベラルや左派に対して、彼はまるで自分にかけられた「呪い」と同様に呪うように言い放つのだ、「ネトウヨとお前らが嘲る中にオレがいる事を後悔するといい」(2019-12-7)と。

山上被告はインセルだったのか？

ロスジェネ世代の男性に影を落としているのはインセル、すなわち非モテの問題だ。

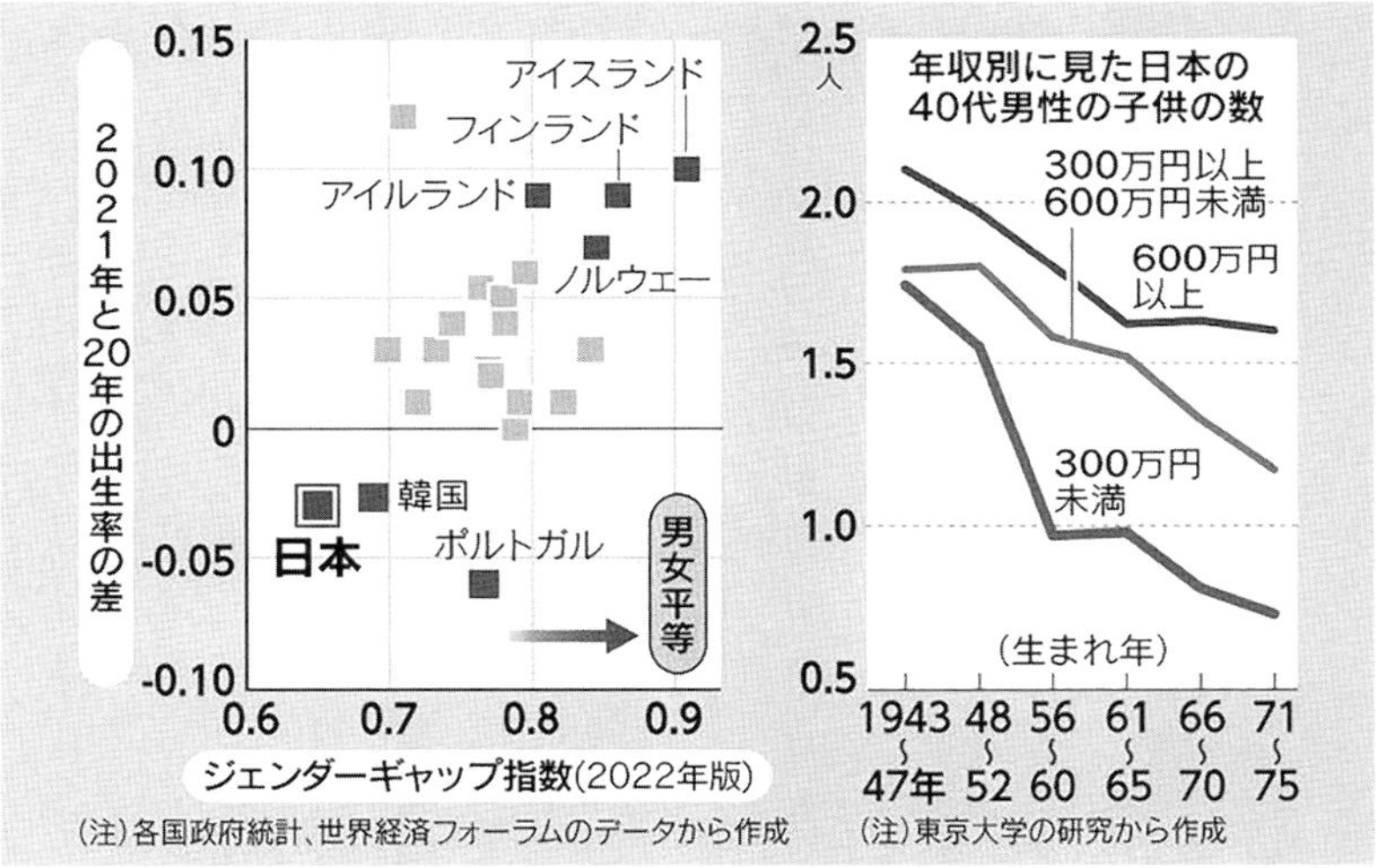

「日本や南欧『男女不平等な国ほど出生率低い』」日本経済新聞、2022年11月30日より

インセル（Incel）とはInvoluntary Celibateの略語で、望まない禁欲者、非自発的な独身者の意で、恋愛やセックスの相手を欲しているが叶わず、その原因は自分にではなく女性の側にあると考える女性蔑視主義者一般のことを指す。

二〇二二年の日本経済新聞は東京大学の研究を引いて、とくにロスジェネ世代の男性で年収三〇〇万円をはるかに下回る層において、四十代男性の子どもの数が一・〇を割る、つまり結婚できていない場合が多いことを示唆する研究を紹介している（日本や南欧「男女不平等な国ほど出生率低い」日本経済新聞、二〇二二年一一月三〇日）。

同記事では、ジェンダーギャップ指数が低い国、つまり女性蔑視やミソジニーが強い国ほど出生率も低いという結果を科学的に証明している。山上被告にとって、このジェンダーとインセルの問題は、全ツイートの中で「女」という語が三位の四九回であり、また別に三九回出ている「女性」という語を足すと八八回となり事実上はテーマとして一位の頻出語であるため、統一教会よりも、また安倍晋三元首相などよりも、ある意味ではるかに重要な論点だったと言えるだろう。

あらかじめ論点先取するならば、山上被告にはインセルという単語に思い入れが一定程度あったようだ。たとえばフェミニストの「男性のインセルってなんであんなに歪みの根が深いんだろう。女性に対する無意識で身勝手な妬み嫉み恨みつらみ」という発言に対して、「歪んでもいないし恨み辛みも吐いていない状態でゼロなのだから、毒を吐き止めてもゼロ以下にしかならない。むしろ敵に回す一方である事が望み、言い換えれば闘争が望みなのである」(2019-10-20)と反論を試みている。また「インセルは憎悪すれどもも爆発するまで女性に対して無力なのだから」(2019-11-24)や、「女から喧嘩売って来るんだから女性の権利なんて、まぁ知らんよね(笑)」(2021-1-12)というミソジニーだと言われても仕方のないツイートも残されている。

このような山上被告の立場は、いわゆる「弱者男性」論に分類される。この「弱者男性」とは、国内外を問わず先進諸国でインターネット上で二〇一〇年代から盛んに論じられるようになった議論で、フェミニズムの立場からは「強者」でマジョリティとされる男性の中にも、「弱者」や「マイノリティ」性を有するものが数多く存在しているものの、これまでないがしろにされ続けてきたことに対する不満を嘆く一連の言説のことだ。

一般的に弱者男性というのは「キモくて金のないおっさん(頭文字を取ってKKO)」というなん

とも痛々しい表現で揶揄《やゆ》されたりするが、このような「弱者男性」論が隆盛した背景には、二〇一〇年代以降のSNS利用の急拡大にともないオンライン・アクティビズムとして運動への参加や問題意識が世界中で共有されることで可能になった、第四波フェミニズムの隆盛があるだろう。いまだ世界中の多くの国々で女性差別が続き社会的弱者・マイノリティへと追いやられ続けている中で巻き起こった二〇一七年の #MeToo 運動はその代表例である。

第四波フェミニズムは、過去の参政権など公的領域での参加を要求した第一波フェミニズムや、ベティ・フリーダンの『女らしさの神話』を出発点とする女性らしさからの解放や雇用・賃金の平等以降の第二波フェミニズム、差異の政治として多様な女性のあり方を模索した第三波フェミニズムに続くものだ。

「弱者男性」論とは、こうした第四波フェミニズムと、その一つ前である一九九〇年代以降の差異の政治として社会を席巻した第三波フェミニズム以降の女性や性的少数者、民族的マイノリティの権利が尊重され、共感を呼び起こすような世界的な潮流となったことへのカウンターとして、出現したのだった。それゆえ一般的に「弱者男性」論は、反フェミニズム、反リベラリズム的な主張に満ちている。

では山上被告は女性全般をどういう視点から見ていたのだろうか。一例を挙げてみよう。

「妊娠出産は女の特権」というワードが批判を浴びているが、DNAを残すという観点では女は絶対的な強者になる。（2019-10-14）

実《ママ》も蓋も無い事を言えば、女性の権利とはつまり徹底的に自分の望まないDNAを残さない事であり、性犯罪とはつまり手段を問わず自分のDNAを残そうという試みである。DNAの存亡という男側の渇望に比べれば、望ましいDNAの継承というのは贅沢な悩みと言えるであろう。（2019-10-14）

このように、相手を選択できる女性のほうが実は「絶対的な強者」で、DNAの存亡という男側の渇望こそが「男はつらいよ」なのだというのは、分かりやすいほどに「弱者男性」論の典型である。では山上被告に恋人がいなかったかといえば、そうではなかったようである。先に引用したとおり「親に騙され、学歴と全財産を失い、恋人に捨てられ、彷徨い続け幾星霜」（2019-10-23）とあるため、ここからかつては恋人がいたものの、そうした時期からもう長い年月が経ったと読み取ることができるだろう。つまり山上被告にも普通に恋愛をしていた時期があったものの、統一教会に家庭が翻弄される中で、恋人のできない生活を余儀なくされてきたのだろうと想像させるツイートである。

そうした心境のもと、フェミニストによる男性に対する非難や告発についても山上被告は「男の性的欲求そのものを忌み嫌いひたすら受動的に被害妄想を逞しくしているだけでは、フェミニズムが持つ片方の性別の為『だけ』の運動という利己性が社会的に認められる事はないのではないか」（2019-10-20）と、厳しい口調で非難している。実際にはフェミニズムの主張は女性のみならず男性や他の性の解放をも求めているのだが、山上被告は「片方の性別の為『だけ』の運動」

と誤った捉え方をして、「利己性」による運動だと反論を試みている。この「利己性」がその後の山上被告のツイートではキーワードになっていく。

「ミソが湧いてて何だこりゃ」　このワードの女性以外のあらゆる方向への不誠実さこそが、フェミニズムの利己性でありミソジニーの源なんだろう。(2019-10-20)

ここで山上被告が不快感をあらわにしている「ミソ」というのはネットスラングでミソジニー（女性嫌悪）のことを指すのだそうだが、フェミニズムの「利己性」という不誠実さがインセルたちをミソジニーに駆り立てるものだと論じている。その十数分後すぐに、

世の中に善意がある事は否定しないが、善意が自己犠牲だとすればフェミニズムはその反対概念ですらある。いくら女が犠牲を強いられて来たと言っても、何ら犠牲にした事もなくその善意に与った事もない非モテには醜悪なエゴにしか見えないだろう。(2019-10-20)

と、自己犠牲といった利他性としての善意を立てて、その反対概念としてフェミニズムを対置している。山上被告の中ではすでに「フェミニズム=利己性」という強固な観念連合が、ここでは出来上がってしまっているのだ。

では山上被告は女性に対してどのように接してほしかったのだろうか。評論家の杉田俊介によ

れば、「弱者男性」論の一つに「制度設計によって弱者男性に女性をあてがえ」論（いわゆる「あてがえ」論）のような暴論や、そこまで極端なものではないにせよ「勝ち組の強者女性は負け組の弱者男性を積極的にケアすべきだ」、という要求があるという（杉田俊介「『真の弱者は男性』『女性をあてがえ』…ネットで盛り上がる『弱者男性』論は差別的か?」文春オンライン、2021/04/27）。

山上被告が「あてがえ」論を取ったかといえば、そうではないように思われる。フェミニストとの対話をしている中で山上被告は「**あなたを虐めたくはないのでこれ以上は言いませんが、インセルも救われるべきなんですよ。無論あなたもですがね**」（2019-11-12）と述べている。これにフェミニストの側が、孤独や孤立は可哀想だし救われるべきだが、まずは同性の友人や社会のコミュニティが必要であり、「性的パートナーの再分配」は人道的にあり得ないし、女を差別・加害することは批判すると応答すると、山上被告は「**そうですかね。『性的パートナーの再分配』というより『DNAは可能な限り残されるべき』という命題は人道的に目指すべき場所だと思いますよ。『女を差別・加害』しても達成されるべきとは思いませんけどね。あなたの言ってる事は残すべき生命の選別の肯定のように聞こえますが**」（2019-11-12）として、DNAを残す権利の問題へと論点を展開しようとする。だが、フェミニスト側に「『DNAは可能な限り残されるべき』はなぜ？　どこから来たのか」と、そもそもDNAを残すことを価値とする山上被告の前提自体が唐突なものだとして退けられた上で、生きている人間を傷つけない、人権を守ることが最重要であって、子孫の話は論点にしていない、他方で他人の人権を侵害せずに自分の子孫を作る方法を見つけようとするのは別によいとのまっとうな反論をされると、山上被告側も「**『女性の権利**

が犠牲にされるから』は一つの答えでしょうね。いつか社会的に、医学的に解決される日が来ればいいと思いますがね」（2019-11-12）と、対話を経て同意したのだった。

この応答を見る限りでは、まず山上被告は自分は「あてがえ」論ではなく、DNAを残す権利を主張した上で、その論点の前提の問題点を指摘されると、女性の権利を蹂躙《じゅうりん》してまで「あてがえ」論を擁護するのは彼自身としても本意でもなく、女性の権利を重視する立場について「あなたの言ってる事はかなりの範囲で妥当ですよ。それでいいと思います」（2019-11-12）とフェミニストとの合意に達している。

ただしその後も「女がモノ化される時、弱者男性はそれ以上に虐げられる。なぜなら子孫を残すには男は少数で十分だから」という趣旨のフェミニストのツイートに対し、山上被告は「そりゃ嘘だな。『男に女を配給する社会』はついこの間まで実際にあったが、世界共通でそこにあったのは貧乏子沢山の苦痛だよ」（2019-12-31）などの、インセル寄りの反論を試みている。

さらにDNAを残すことと、その選択肢を女性の側が握っていることを権力的だとして以下のように食い下がって論じている。「いや何回も言ってるけど、君らは子孫を残させない事で彼らを殺してるんだよ。だからしない。表面的で派手で嗜虐的な男どもの憂さ晴らしの反対側で、君らは黙って静かに時に文句を言いながら、彼らを拒否する事で長期的に絶滅させて行く。それこそただ『キモい』という軽い感覚で」（2020-1-21）、「フェミニズムが女の意思の絶対化と子孫を残す事にかけての権力性を無視し続ける限り、それはもう到底公正とは言えない汎女性主義、女尊男卑とでも言うべきものになって行く」（2020-1-21）

結局その後もフェミニストらによる、インセルは女性をインフラか何かのように思い込むことで被害者ヅラしているからこそ白眼視されているとの主張に対して、「この人達は異性からの愛が皆無でも今の自分があったと言えるのだろうか？インフラなんだよ。一定以上豊かに生きるための。これを理解しない限りキリスト教的素地のない日本人は行きつく所まで行く。愛は必ずしもセックスを意味はしない」（2020-1-21）と直接反論のリプライを飛ばしている。この点は富の再分配で「弱者男性」論が解決すると考える赤城《あかぎ》智弘《ともひろ》氏などとは明確に異なる。呉座《ござ》勇一《ゆういち》氏の問題についても「つまりフェミニストを親の仇の如く敵視する大多数の仲間内で呉座氏が何を言おうと、さえぼう氏の名誉は下がりようがない。最初から無いから」（2021-3-29）と論評し、ついには「オレは物言う女が気に食わないのではない。『女に対する侵害だから他の事は捨象する』みたいな風潮が著しくアンフェアだから言ってる」（2021-4-1）と価値相対主義者の体で述べるようになるのだった。

では、山上被告は一般的なインセルのように女性を憎んでいたのだろうか。あるいは女性を単純な「あてがう」だけのモノとしてのみ見ていたのだろうか。おそらくそれも違うだろう。この詳細はプロローグで池田香代子さんが読み解いているとおり、彼の「まっとうな地金」がかいま見えているのだから。山上被告は同じく弱者男性というキャラクターで、公的支援を打ち切られ必要な薬やカウンセリングへのアクセスを断たれて自暴自棄に走ってしまうホアキン・フェニックス主演の『ジョーカー』の主人公アーサーに対して、並々ならぬ共感を寄せているが、決定的なのは以下のツイートだろう。

インセルが狂気に走って希代の悪党になる映画が大ヒットとなれば女としては困るのは分かるが、ジョーカーはインセルでないのではなく憎む対象が女に止まらず社会全てというだけである。「インセルか否か」を過剰に重視する姿勢は正にアーサーを狂気に追いやった社会のエゴそのもの。(2019-10-20)

ここではジョーカーの立場について、おそらく山上被告は自身の境遇を重ねつつ、彼を「弱者男性」へと追い込んだ社会構造すべてを憎んでいるのであって、とくに女性だけを憎んでいるのではないというものだ。そして全ツイートを眺めても自分で背負い込みがちな発言が多かった中で、この箇所は珍しく山上被告が自己責任論から解放されて、「社会のエゴ」こそがジョーカーの主人公アーサーを他人を殺める狂気へと追いやったのだと論じている。このツイートから約三年後、山上被告もアーサーと同様にその手で人を殺めることになるのだった。ただし人を殺めるに際しては、無差別殺人をするつもりは「ここが自由の国なら、オレはとうの昔に自分の頭を打ち抜くか乱射事件でも起こしてた人間だよ。ただし、撃つ相手は選ぶがな」(2019-11-23)と述べているとおり、当初からなかったようである。

このように真面目さゆえに不器用で自暴自棄にならざるを得ない人生を送っている者にも、もし気の許せる友人や恋人がいたら、その後の人生で人殺しをすることはなかったのかもしれないと、山上被告のツイートを読み返しては思うのだが、そのような可能性を打ち消すように山上被告は以下のような発言を残しているのだった。

そうだ、この世界はフレンドリーだし男も女も愛に溢れている。ただオレがフレンドリーでもなく愛に応える術を持たないだけだ。（2019-11-23）

先に挙げた杉田俊介氏の「弱者男性」論は最後に「誰からも愛されず、承認されず、金もなく、無知で無能な、そうした周縁的／非正規的な男性たちが、もしもそれでも幸福に正しく――誰かを恨んだり攻撃したりしようとする衝動に打ち克って――生きられるなら、それはそのままに革命的な実践そのものになりうるだろう。後続する男性たちの光となり、勇気となりうるだろう」と結んでいるが、これに対して山上被告は以下のように堅く決別の意を固めるのであった。

だがオレは拒否する。「誰かを恨むでも攻撃するでもなく」それが正しいのは誰も悪くない場合だ。明確な意思（99％悪意と見なしてよい）をもって私を弱者に追いやり、その上前で今もふんぞり返る奴がいる。私が神の前に立つなら、尚の事そいつを生かしてはおけない。

（2021-4-28）

山上被告と日本の「失われた三〇年」

山上被告のツイートを読み直してみて感じるのは、ある時期、具体的には二〇二一年二月末あたりから、安倍元首相に対する評価が一定程度変わってくることだ。
一時期山上被告は著者に対しても安倍政権の評価をお前は分かってないとリプライを飛ばしてきていたが、統一教会の日本での歴史を直視するようになったのだろうか、ついには以下のような発言をするようになる。

安保闘争、後の大学紛争、今では考えられないような事を当時は右も左もやっていた。その中で右に利用価値があるというだけで岸が招き入れたのが統一教会。岸を信奉し新冷戦の枠組みを作った(言い過ぎか)安倍が無法のＤＮＡを受け継いでいても驚きはしない。(2021-2-28)

これまでも統一教会についての言及は多くあったし、安保条約を巡って岸信介に対する高評価をしていたが、ここでは岸→安倍と統一教会との関係のみならず、「無法のＤＮＡ」も引き継いでいると示唆する記述が見られるようになる。そしてついには「考えても見りゃ安倍のやった事なんか全部逆SEALDSなんだよね。全てが強引な戦後保守の現代への当てはめ、焼き直し。真似して東京五輪まで招致してこのザマ」(2021-2-28)と、かつて批判していた一五年安保の市民側の動きやSEALDsを引き合いに出して、安倍元首相を手厳しく批判し始めたのだ。さらに以下では統一教会と安倍元首相を積極的に結び付ける思考が生じ始める。

冷戦を利用してのし上がったのが統一教会なのを考えれば、新冷戦を演出し虚構の経済を東

京五輪で飾ろうとした安部《ママ》は未だに大会を開いては虚構の勝利を宣言する統一教会を彷彿とさせる。(2021-2-28)

恐らく山上被告の中で何かが決定的に変化したのだろう。安倍批判に始まった山上被告の切っ先は、政治機構を安倍元首相からそのまま受け継いだ菅義偉前首相に対しても向くことになる。

「仕組みが無いなら作る」ぐらいのやる気見せないと禊をするつもりすらないと思われる。安倍以来の自民党の傲慢さも継承してるようでは未来はないと思う。(2021-3-5)

世間を支配するのが虚の中で、安倍政権の虚実から実だけを取ったらこうなったのだろう。人間なんてこんなものだと最近ヒシヒシと感じる。世界を支配するのはデタラメ、表層しか見ない無関心とそれに基づいた感情、最後まで生き残るのは搾取上手と恥知らず。(2021-12-8)

対照的に、民主党政権に対するポジティブな評価が現れてくるようになる。たとえば、東日本大震災と東電福島第一原発事故当時の菅直人首相の働きを、以下のように評価するのだ。

菅直人については批判する気にはなれない。政府と東電の長年の不作為は震災が起こった時点で既に敗北を決定づけていた。その中で菅直人は(例え《ママ》現場の邪魔になったとしても)奮闘し

た。意気消沈はしなかった。それで十分。(2021-3-7)

安倍元首相殺害の前日に米本氏に宛てた手紙にも「苦々しくは思っていましたが、安倍は本来の敵ではないのです」と記されているが、注目すべきは山上被告が安倍元首相を「苦々しく思ってい」たという部分である。やはり安倍元首相への評価が移ろっているのである。また、弱者に対する視座も変化を見せ始める。生活保護行政での厚労省の姿勢について、「厚労省、裏で生活保護費削減ほかあらゆる国民への支援・支給をどうにかして削る実行部隊だからね。こんな制度に頼る国民は全て怠け者で乞食の不正受給者、そういう性根は変わらない」(2021-3-18)と、ついには新自由主義の自己責任論に随伴する、生活保護に頼る者は落伍者とのステレオタイプで厚労省が見ていることを問題視し始める。さらには「この国の政府が人民の幸福の為に存在した事は有史以来一度もない。明治においては列強に劣らない強国になるため、戦後においてはより強者だったアメリカの制度に順応するため。より強い者に従うために作られた政府がより弱者である人民の為に働く事を自ら理解する事は無い」(2021-7-5)と、ほぼネット右翼や近年の保守とは逆の発言、あるいは故鈴木邦男氏のようなまっとうな保守に近い発言をするようになる。くわえて自分の努力が報われない中、「恵まれた者、勝ち残った者、それがエゴに染まった時、己が義務を忘れた時、その富と名誉は必ず失われる事になっているんだよ」(2022-1-26)と、上に立つ者たちに期待しつつも、彼らが民を救わずエゴにまみれたときに、その富と名誉を刈り取る者が立ち現れることを予言し、そしてのちにその予言を山上被告本人が自己成就させたのだった。

困窮していても政府も社会も手を差し伸べてはくれず、受験以降は自分の努力もマンガやアニメ、ゲームやSNSの中とは異なり、報われない世界。何もこれはいわゆるロスジェネに限った話ではない。ロスジェネ以降のゆとり世代、さとり世代、ミレニアル世代、Z世代もほぼ同じ感覚だろう。つまり山上被告にとっての「失われた三〇年」は、同時にこの国のロスジェネ以降の世代にとっても同様であり続けているのだ。世間的にはミレニアル世代やZ世代は輝かしいものとして語られがちだが、シャイニーで恵まれた人はどんな時代でもごく一部にすぎない。たしかにロスジェネ以降、就職率は多少楽な面もあったかもしれないが、世の中に放り込まれたときのハードさという点では、おそらく現在のほうがひどいだろう。なにせ反出生主義のような思想が力を持って共感を呼んでしまう時代である。この時代に自分や子どもが生まれてくることが不幸だと思えてしまう社会、先が見えない不安な世界だからこそ怪力乱神が再び力を持ち始めるのだ。

二〇二一年には京王線の車内でジョーカーの格好をして、乗客を切りつけるなどした事件があったが、あの犯人は当時二四歳だった。犯行の動機などを聞いてみると、「人生に展望がない」などと言っていた。そう考えると、残念ながら、こうした出来事は今後もっと増えていくだろう。

お金がある人は自らのセキュリティを高めることができるかもしれないが、それは対症療法でしかない。ものすごく簡単に言ってしまえば、この社会はテロリズムを生む社会になってしまっているのだから。山上被告はたまたま統一教会が動機になったが、そうではない動機でジョーカー的なパーソナリティが世界中で生まれていく。山上被告は、統一教会が「問題だ」と思って犯行に及んでいるものの、二〇一一年にノルウェーで七七人を殺害したブレイビクはキリスト教原理主義右派だった。現在の社会に問題があると思っていて、陰謀論に搦《から》め捕られていたり、あるいは絶望してしまった人たちが自らバーストしていく世界が、まるですべてをのみ込む奈落《ならく》のように大きな口を開けて広がっている。石つぶてで国家権力に挑む人たちが再び出てくることだろう。それが一種の「希望」にさえなり得るだろう。そうした人たちは、われわれの隣人であり、あるいはわれわれ自身であるかもしれない。著者はこうしてたまたま文章を書けているが、実は他人事ではない。一触即発な感じがある。しかし不思議なのは、われわれはもうとっくに世紀末を越えて、そんなソワソワした時代は過ぎ越したはずなのだが、それなのに、ちょっと針で突いただけで破裂しそうな何かが、われわれのまわりにあるのではないかという気がしてならない。

山上徹也であれ、加藤智大であれ、植松聖《さとし》であれ、個々人の小さな物語が大きな物語と接続されてしまう。今まではその小さな物語は時代のコマにすぎないものとされてきた、つまり時代がコマを動かしてきたが、いよいよそのコマの側が時代を動かすもの、動かし得るものとして機能するようになってきた感がある。それは「実力行使」という点においては、ネット上のものとは限らない。それが、今までわれわれが見ないできたもののモリス・バーマンが『デカルトからベイトソンへ　世界の再魔術化』（国文社、一九八九年）で予言していたような宗教現象のポスト・ニューエイジ的な再興なども絡み、あるいはこれまで一笑に付していた右派加速主義や陰謀論なども手を携えて噴出してきている。政府が救済策を講じなければ、そのようなものとして、これからも歴史はさらに悪い方へと動いていくだろう。

では、こうした灰色の靄のかかったような未来に対する展望はあるのだろうか。まずはお題目でもいいから「誰も取り残さない社会」を築いていくことだろう。そのためには、かつて心理学者のキャロル・ギリガンが『もうひとつの声』(川島書店、一九八六年)で説いたように、あるいは政治社会学者の栗原彬が「『新しい人』の政治の方へ」(『年報政治学』二〇〇七年五八巻二号)で述べたように、共生のネットワーキングを連係させ、肩をならべて対話できるような公的な親密圏を育てることや、また社会的排除をなくしていくことで、傷つきやすい存在や経済合理性本位のパワー・ポジションを離脱せざるを得なかった人々が、その存在と尊厳を脅かされることなく、とりあえず身を寄せ、共にケアし合える場を創出することである。具体的には、公的な親密圏は、(一)ゆるやかな相互扶助の心性、(二)排除と「生きにくさ」を乗り越えようとする人々の参加型のネットワーキング、(三)非営利協同セクター・自治体等を含む中小の地域産業、地域文化を担う商業・学校・遠隔地ネットワーキングなど、諸主体の連係による公益性の集積、(四)ヴァナキュラー(地域に根ざした)な言葉と行為、によって構成される。今必要なのは、傷つきやすい存在のニーズが誰からも応答されなかったがゆえに、その尊厳と生が危険にさらされないように、すべての人が応答され、包摂《ほうせつ》されることで、誰一人取り残されたり、傷つけられたりしない、社会構想である。

この公的な親密圏のイメージは、分かりやすく言えば岡崎京子が『リバーズ・エッジ』で描いてみせたような、河の畔《ほとり》で生まれる周縁《しゅうえん》のエッジのようなものである。同作品は、工業港に近い郊外が舞台だ。高校でいじめを受けているゲイの山田は、学生モデルをしている吉川とともに、河原で死体を見つけ、その腐爛《ふらん》していく様子をずっと観察し続けている。いじめから山田を助けた主人公ハルナにもその死体を見せ、本来まったく接点がないはずの三人に奇妙な親密圏と共同感が生まれ、そこから物語が始まるのだった。

　このようなエッジでこそ、われわれは、政治的合理性や経済的合理性からなる多数派のコードを事実上強制する対話的で双交通的な「コミュニケーション行為」（ハーバーマス）ではなく、互いの現れを尊重し互いをケアしつつ、肩を並べて打ち明け合うことができるのだ。おそらく山上被告がベーシックインカムに関するツイートで**「誰も独り暮らしをしろと強制はしない。戦後の核家族化や単身世帯の増加と逆方向に進ませる政策だろう。女でも子供でも平等に7万なのだから、家父長制の復活も意味しない」（2020-9-20）**という発言でぼんやりと想い描いていたのは、このような家父長制秩序と伝統的家族観を克服した先にある公的な親密圏へと開かれた、ゆるやかな寄り合いのようなものだったのではないだろうか。

『リバーズ・エッジ』
岡崎京子（宝島社、1994）

　もう一つ重要なのは、リーダーたる社会的エリートたちが矜持《きょうじ》を取り戻して、ふたたびリーダーとして徳をもって民のために正しくふるまうことであろう。それは、山上被告の言葉を借りれば**「恵まれた者、勝ち残った者」が「エゴに染まらず、己が義務を」**果たす社会の再建である。今からでも遅くない。それがないと、彼のように、未だにエリートに期待し続ける人々が救われないのだ。

くわえて、今こそ再び、「我をして生きさせよ」という「生存の政治」（栗原彬）の呼びかけがなされねばならない。もっと手厚い社会保障とか、自身の尊厳や存在が社会に脅かされないとか、あるいは自分の「地元最高！」と思えるといったような極めて身近なことからでもよい。山上被告が犯行に及ぶきっかけとなったのは、欠勤するうちにいよいよ金銭的に立ちゆかなくなり、拳銃を製作した部屋の立ち退きが迫り、クレジットカードも止められそうになっていたからだという。山上被告が守りたかったものの一つは、彼自身の人間としての尊厳であるように思えてならない。他の人々と同様に自分が他人から最低限、人らしく扱われることを望んでいたのだが、近々自分の生活が破綻することが分かると、これまで数年来考えてきたことを、人として動けるうちに実行に移すようになったのだった。「だから言っただろう、最後はいつも一人だと。頼りになるのは自分しかいないと。プライドしかないのだと。人間など屁の役にも立たんと」（2019-12-7）と山上被告が言うとき、「プライドしかない」のに、そのプライド、すなわち人としての尊厳が踏みにじられ奪われることになるとしたら、まだ人間の尊厳がギリギリ保たれているうちに自分のプライドを剝ぎ取ろうとしているわれわれの生きる社会構造に対して一矢報いようとするのは、人によってはきっと自然なことなのだろう。

だからこそ、人々が自尊心やプライドを奪われずに生きていけるよう、かつて年越し派遣村に際して雨宮処凛が『生きさせろ！』で述べたとおり、「闘いのテーマは、ただたんに『生存』である。生きさせろ、ということである。生きていけるだけの金をよこせ。メシを食わせろ。人を馬鹿にした働かせ方をするな。俺は人間だ。スローガンはたったこれだけだ。生存権を二一世紀になってから求めなくてはいけないなんてあまりにも絶望的だが、だからこそ、この闘いは可能性に満ちている」と、たとえ空元気でも再び声を大にして叫ぶ必要があるのだ。

生産性がない世代は税金の無駄遣いだから「集団自決せよ」（成田悠輔）というのではなく、手厚い社会保障によって「あなたもどうか長生きしてください」という、バカバカしいほど当たり前のメッセージを、今こそ政府が率先して出さねばならない。こんなことをこの時代にもう一度言わねばならないのである。人間の尊厳を奪うようなかたちでしかわれわれを生かせないような社会をいち早く解体していくことでしか、人々の情動の暴発や山上被告のような深い絶望の果ての熟慮による凶行を防げないからだ。だからこそ、人々の尊厳を守る政治の言葉をリーダーは語らなければいけないし、社会としてもそれを語らなければいけないし、口だけで終わらせずに、実装していかねばならない。「社会は防衛しなければならない」（ミシェル・フーコー）と言うとき、そこで想定されているのは関係的権力だが、近代社会は近代以前の「殺す権力」とは異なり、身体を規律訓練し、公衆衛生や健康への配慮を通じて生を管理する「生かす権力」たる「生権力」を前提とする。そして人口を生きるがままにしておく政治、あるいはよりよく生きさせることを眼目とした政治が一八世紀後半に現れてくる。フーコーはこうした人口管理の政治を「生政治」と呼んだが、ナチスによる強制収容所以降の世界で生政治は、アガンベンが指摘した「剝き出しの生」、つまり主権権力や強者の側が勝手に「社会のお荷物」として認定した生に対する「最終解決」や「安楽死」、「集団自決」の積極的容認へと傾斜を強めて今に至っている。

人が「自分はこの社会に歓迎されていない」と思ったとき、自死を選ぶか、人を巻き込んだ上での拡大版の自死を選ぶか、ではなく、そうならないようにしていくためにはどうしたらよいだろうか。人の存在を否定するような主張をすることは、表現の自由や信教の自由の範囲内にあるものではない。信仰とは近代以降は自己限定で魔法をかけること、すなわち自分のみを「再魔術化」することなのだから、他者の存在を阻みゆるがせにするものであってはならない。たとえば常識的な範囲を超えた搾取に当たる献金や、端的に人権侵害を構成するヘイトスピーチ（この根底にある人種概念も現代史の中で生権力の言説に回帰したものである）等は、われわれの存在を危うくし阻むものに当たるだろう。そう考えるならば、そういう集団に対しては積極的にセクト認定をして解散に追い込むとか、あるいは個人にはヘイトスピーチ解消法を罰則をともなう法律へと変えていく必要がある。少なくともドイツやフランス並みの基準にしなければならないだろう。そうしたことが、今回の事件を受けて政治の側に望まれることであるはずだ。宗教であれ企業であれ、そして国家であれ、人間の尊厳を奪ったり搾取を容認するようなもの、人の顔を踏みつけにするようなものは決して許さないと、社会としてメッセージを出していくことでしか、われわれは救われないのである。それこそが、今後、山上被告と同じような境遇にある多くの、自分の人生を「運命」だとして諦め孤立し、すべてを一人で抱え込んでしまう人々をジョーカーのような劇場型犯罪へと追いやらないための、そして、この生きながらにして延々と炎に焼かれ続ける地獄のような日本の「失われた三〇年」を終わらせるための、唯一の道なのだ。

◉ 参考文献リスト

●ジョルジョ アガンベン著、高桑和巳訳『ホモ・サケル——主権権力と剥き出しの生』以文社、2003 年
●雨宮処凛『生きさせろ！難民化する若者たち』ちくま文庫、2010 年（初版は 2007 年、太田出版より刊行）
●カズオ・イシグロ著、土屋政雄訳『わたしを離さないで』早川書房、2008 年
●伊藤昌亮「山上徹也容疑者の全ツイートの内容分析から見えた、その孤独な政治的世界」現代ビジネス、2022.08.12
●マックス・ヴェーバー著、大塚久雄訳『プロテスタンティズムの倫理と資本主義の精神』岩波文庫、1989 年
●内田隆三『社会学を学ぶ』ちくま新書、2005 年
●岡崎京子『リバーズ・エッジ』宝島社、1994 年
●キャロル・ギリガン著、川本隆史、山辺恵理子、米典子訳『もうひとつの声で 心理学の理論とケアの倫理』風行社、2022 年（初版は 1986 年、川島書店より刊行）
●栗原彬「『新しい人』の政治の方へ」『年報政治学』、2007 年 58 巻 2 号）
●椹木野衣『平坦な戦場でぼくらが生き延びること—岡崎京子論（新版）』イースト・プレス、2012 年（初版は 2000 年、筑摩書房より刊行）
●清水晶子「フェミニズムってなんですか？」文春新書、2022 年
●杉田俊介「マジョリティ男性にとってまっとうさとは何か #MeToo に加われない男たち」集英社新書、2021 年
●チャールズ・テイラー著、千葉 眞監訳、木部尚志・山岡龍一・遠藤知子訳『世俗の時代 上巻・下巻』名古屋大学出版会、2020 年
●モリス・バーマン著、柴田元幸訳『デカルトからベイトソンへ 世界の再魔術化』文藝春秋、2019 年（初版は 1989 年、国文社より刊行）
●ミシェル・フーコー著、小林康夫・石田英敬・松浦寿輝編『フーコー・コレクション 6 生政治・統治』ちくま学芸文庫、2006 年
●真木悠介『気流の鳴る音』ちくま学芸文庫、2003 年（初版は 1977 年、筑摩書房より刊行）
●見田宗介『まなざしの地獄』河出書房新社、2008 年（初出は雑誌『展望』1973 年 5 月号）
●安田浩一『ネットと愛国』講談社＋α文庫、2015 年

おわりに

われわれは今、どういう世界に生きているのだろうか。本書は山上徹也被告の半生ならびに事件の動機とされる背景を通して、彼と日本社会の双方にとっての「失われた三〇年」という現代日本の肖像をえがくことを目的に執筆された。

本書はもともとは安倍晋三元首相銃撃事件から一七日後に「デモクラシータイムス」の番組で対談として企画され、それに加筆修正と新たな論考を加えたものである。池田が五野井に声をかけた理由は、山上被告の境遇とはかなり違えど宗教二世という共通点ゆえであり、他方で五野井が引き受けた理由は、山上被告の境遇を知るうちに、これは他人事ではなく自分は運がよかったに過ぎないと感じ、胸が締め付けられる思いをしたからだ。山上被告と同じロスジェネ世代の多くは同様の感想を抱いたのではないだろうか。

池田の論考は山上被告と同じロスジェネ世代の子を持つ母として、これまで成長を見守ってきた我が子の生きてきた風景を池田が振り返る中で書かれた。五野井は齢四〇代前半になるが、常勤職を得て一五年以上経てもいまだに生きた心地がしない。それゆえ自分も救われたいという一心で本書に取り組んだ。

本書の構想段階でまず念頭に置いたのは、見田宗介先生の論文『まなざしの地獄』である。山上被告のツイートすべてを彼の生活史記録として読み解き言説分析を行うと、彼の声とまなざしから見えてきたのは日本社会の抱える問題そのものだった。ツイートを辿る限り、では山上被告は彼の半生もあの事件を起こすことも「運命」だと思ったのだろう。「運命なら決まっていて、ただそれを受け入れるしかない。だが社会なら、未決定」だと喝破《かっぱ》したのは内田隆三先生の『社会学を学ぶ』（ちくま新書、二〇〇五年）だが、山上被告は社会の問題を個人の「運命」として孤独に一人で抱え込むしかなかったのだ。

＊

本書は数多くの方々のサポートの上に成り立っている。集英社インターナショナルの松川えみさんの企画と名編集なくして、本書が世に出ることはなかった。深く感謝する次第である。また本書の議論につき合って下さり支えて下さった皆さま、見田宗介先生を偲ぶ会で励ましとご助言を下さった栗原彬先生、「デモクラシータイムス」の番組視聴者とスタッフ、同人の皆さまにも心より御礼申し上げる。

＊

あのようにせざるを得なかった山上徹也被告のあらゆる意味での公正な裁判ならびに、彼と日本社会に三〇年かかり続けている灰色の靄がいち早く霽《は》れることを願って、本書の筆を置くこととしたい。

二〇二三年三月

五野井郁夫
池田香代子

● **菅田将暉「まちがいさがし」**
● **「風に吹かれて」**
※「風に吹かれて…ボブディラン（又はエレカシでも）を一人口ずさむも良し」（2021-1-12）

本・マンガ・ゲーム

● **ドストエフスキー『カラマーゾフの兄弟』**
※「カラマーゾフの兄弟に母親が障碍者（つまり強姦の結果の子）の登場人物がいたっけな」（2019-11-13）
● **ル＝グウィン『ゲド戦記』**
※「死んだ人々はみな生きている。死者は朽ちることなくよみがえり、永遠に果てることはないだろう。ただそなたは別だ。死を拒んだからだ。そなたは死を失い、死を失うことで、同時に生を手放した」（2019-11-13）など、『さいはての島へ：ゲド戦記３』作中の文章をコメントなしで複数ツイート
● **手塚治虫**
※「人を信じよ。されどその 100 倍は自分を信じよ（手塚治虫）」（2020-1-18）と手塚の名言をツイート
● **堀越耕平「僕のヒーローアカデミア」**（集英社）
※キャラクターの名前「丸太」が炎上した際に「ズレてるよ。何の縛りもなく『丸太』と聞いて最初に 731 部隊を思い出す奴は現在でもいない。一般名詞だからな。出て来る結論は『歴史のパロディは全て禁止』しかないわ。アホかと」（2020-2-6）などとツイート
● **『ドラゴンクエスト』**（スクウェア・エニックス）
※「昔のオレは、凍てつく波動ぐらいは出せたと思う」（2019-11-14）と、ドラクエ３のラスボス・ゾーマの技を出せるくらいキレがあったと過去を回顧するツイート

ドラマ

● **NHK 大河ドラマ『麒麟がくる』**
※「麒麟の光秀、武士なんだよね。策士なら殺意は見せないのが上策」（2021-1-31）、また後日、複数のツイートで明智光秀（長谷川博己）のセリフをツイート（2021-2-28）
● **NHK 大河ドラマ『利家とまつ』**
※劇中の明智光秀（萩原健一）のセリフをツイート（2021-2-28）
● **NHK 大河ドラマ『真田丸』『鎌倉殿の 13 人』**
※「期待はする。期待はするけど、最後の騎馬逃亡シーンからして、真田丸で思い知った本当に生死が掛かった修羅場描写の三谷幸喜のスベり感が再現されなければいいが・・・」（2022-1-10）

◉ ツイートに見る　山上徹也が言及した作品リスト

※ツイートで触れている作品、作者など

映画

●**『ジョーカー』**（2019、アメリカ）

●**『ダークナイト』**（2008、アメリカ）

●**『ミッション・ワイルド』**（2014、アメリカ・フランス合作）

※「ある意味、非モテやインセルにはガツンと来る映画。この救いの無さをハリウッドスターのトミー・リー・ジョーンズが撮るというのも凄いところ」（2020-8-7）

●**『スター・ウォーズ』**

※「スターウォーズって全体にそこはかとなく漂うそういうの乗り越えないと3流映画にしか見えない」（2021-2-26）

●**『レ・ミゼラブル』**（2012、イギリス）

※「今日は朝からずっとこれを聴いている。 いずれ日本も革命的な何かが起こると思う」（2022-1-22）というコメント付きで「Look down」（囚人の歌）の日本語訳字幕付きの動画リンクをツイート。翌日にもミュージカル版『レ・ミゼラブル』10周年記念コンサートの同じ曲の動画リンクをツイート

● **園子温**

※「納得感しかない」（2022-4-4）というコメントを付け、「園子温監督が性加害か 女優ら告発」というニュースを引用RT

音楽

● **クリーム「ホワイト・ルーム」**（映画『ジョーカー』挿入歌）

※「2回も観てしまったぜ」（2019-10-13）、翌2020年8月12日には再び『ジョーカー』の映像付きのリンクをツイート

● **レッド・ホット・チリ・ペッパーズ「Wet Sand」「Snow（Hey Oh）」**

● **RHODES「just before the sunrise」**（ブラック・ジャック〈OVA〉主題歌）

※YouTubeのリンクに加え「『まだ今日はなく　まして昨日には遠く』『寂しくはない　知っているから　最後はいつも一人』」と歌詞をツイート（2019-12-7）

● **斉藤和義「男と女」**

※Paletteというバンドによるコピー演奏動画のリンクをツイート（2019-12-20）

● **鬼束ちひろ「Infection」「月光」**

※「この時代のこの人の輝きが永遠に残って欲しい思う」（2020-1-23）というコメント付きで「月光」動画リンクをツイート、救急車を蹴って逮捕された際には「鬼束が正しい」（2021-11-29）とツイート

● **井上陽水「傘がない」**

※井上陽水CD「弾き語りパッション」PVでオダギリジョーが井上陽水を演じている映像のリンクをツイート

2022-03-23 20:30:41

2022年5月

SEALDs...あれは一体何だったのだろう。米中冷戦やウクライナ戦争を見ても安保法案は立憲主義の破壊で安倍はヒトラーなのだろうか。https://twitter.com/BFJNews/status/1522335393307410438

2022-05-06 19:59:09

「ヒトラーなのだろうか」は、いやヒトラーではない、という反語的表現。

2022年6月

もう何をどうやっても向こう２～３０年は明るい話が出て来そうにない https://twitter.com/333_hill/status/153582319992531763

2022-06-12 12:30:47

考えてみりゃ世の中テロも戦争も詐欺も酷くなる一方かもしれない。信じたいものを信じる自由、信じるものの為に戦う自由。麻原的なものはいずれ復活すると思う。それがこのどうにもならない世界を精算するなら、間違ってはいないのかもしれない。人は究極的には自分が味わった事しか身に沁みないものだ https://twitter.com/333_hill/status/1539936971060961282

2022-06-23 20:58:52

「これ迄の彼は死んだ。今有るのは、厭世を湛えた路傍の石ころのような存在。石は動かない、奥底の心が慟哭を叫ぶまでは。」いい文章だな・・

2022-06-27 01:02:56

ロシアが核を撃てばNATOが何カ国増えようが何も変わらない。ルールを守るのはそのルールを守るメリットがあるから。プーチンにはない。https://twitter.com/RichardSoviet/status/1542098969337430016

2022-06-30 02:03:32

4月に自作の銃が完成、5月に退職。これまで同様、政治的なトピックについてのツイートも続く中、事件を予感させる厭世的なツイートが目立ってくる。

このアカウントでの最後のツイート。この8日後の7月8日、山上被告は凶行におよんだ。

※174ページからお読みください

在日差別を「ヘイトスピーチ反対」と言って解決しようとすればするほど背後にある問題、韓国の挑発的な対日政策、日韓関係の悪化、北朝鮮・総連・拉致問題、米中冷戦、慰安婦から徴用工まで、戦後から現代に渡る巨大な問題体系を「差別」の一言で一方向に誘導する事になる。https://twitter.com/333_hill/status/1475753083246645260

2021-12-28 18:05:25

こうして複数の点と点を結んで一本の線にして書けるのは、きちんと俯瞰的な物の見方ができているということ。ただ巨大な問題体系があることはたしかだが、これらの問題に山上被告が関心を持った始まりは、おそらく嫌韓感情だろう。

在日差別に反対する場合に最も必要なのは、明確に韓国・北朝鮮と対決する姿勢。もはや友好国ではなく敵国なのだという認識 。https://twitter.com/333_hill/status/1475754750398562304

2021-12-28 18:10:01

2022年1月

https://www.youtube.com/watch?v=KaxGKaflF2g 今日は朝からずっとこれを聴いている。いずれ日本も革命的な何かが起こると思う。

2022-01-22 1:14:00

フランス革命下を生きた男の半生を描いたミュージカル『レ・ミゼラブル』の「囚人の歌」の動画のリンクを張った後に、恵まれた者の義務を問うツイート。この頃、山上被告は職場でのトラブルが増えていた。

恵まれた者、勝ち残った者、それがエゴに染まった時、己が義務を忘れた時、その富と名誉は必ず失われる事になっているんだよ。

2022-01-26 20:26:03

2022年3月

下らないねえ。安倍の味方する気もないが、ウクライナ侵攻までロシアはレッドラインを超えてない。現在ですら完全に超えているとは言い切れない。当のウクライナですら開戦数日前まで「侵攻はない」と言っていた戦争の数年前に行った友好的外交の責任を取れと。安倍憎しの最初にありきが見え見えの愚論 https://twitter.com/nabeteru1Q78/status/1506437871804112897

今回の事件が、山上被告の中で単なる安倍憎しで行われたものではないことをうかがわせるツイート。

と、問題化した後もダミー団体を多数設立し似たようなことをやり続けて来たこと、何らかの目的をもって近づく人間はいるんだよ、世の中には。https://twitter.com/gashin_shoutan/status/1424670895054888960

2021-08-11 06:23:00

@gashin_shoutan 統一教会の正体隠し伝道とか聞いたこともないんかね君らは。「何かをする」ために素性を明かさない人間や組織は実際に存在するんだよ。

2021-08-11 06:31:41

国連の認証を受けたNPOだ(おそらく事実)という事を前面に出す統一教会系の団体が寄付集めに家に来たことがある。世の中そんな程度。https://twitter.com/333_hill/status/1425206070142668801

2021-08-11 06:34:42

真偽の程は知らないが、とある半島マンセー宗教の聖酒は教祖の精液入りという噂を聞いた事がある。韓国社会一般という、性に異常に執着する教義だけでない根拠があったのだなぁと改めて思う。https://twitter.com/takeuchikumiffy/status/1429747234845773828

2021-08-24 18:51:42

2021年12月

世間を支配するのが虚の中で、安倍政権の虚実から実だけを取ったらこうなったのだろう。人間なんてこんなものだと最近ヒシヒシと感じる。世界を支配するのはデタラメ、表層しか見ない無関心とそれに基づいた感情、最後まで生き残るのは搾取上手と恥知らず。https://twitter.com/bunshun_online/status/1467962808029835264

2021-12-08 22:25:33

おそらく山上被告の中で何かが決定的に変化したのだろう。安倍批判に始まった彼の批判は、政治機構を安倍元首相からそのまま受け継いだ菅義偉前首相に対しても向けられるようになる。

求書を頼みもしないのに平気で送り付けて払いたくなければお願いしろと宣う。どう考えても革命が足りなかったのではないかと思う。https://twitter.com/mainichi/status/1409376229191348229　2021-06-28 9:42:53	除・猶予される人が過去最多となった、という新聞記事について。革命という言葉が肯定的に使われている。

2021年7月

これは最低限、本人や親族に総連関係者が絡んでない事を明らかにして言うべき。でなければ北朝鮮の浸透作戦に手を貸す事になる。https://twitter.com/333_hill/status/1411133756686049285　2021-07-03 10:33:55	「ヘイトスピーチ対策法」から５年を受けての在日コリアン女性へのインタビュー記事について。
パソナからだろう年金徴収の個宅訪問に年金受給者としか思えないジジイが来たので一瞬殴ろうかと思ったが、老人自ら己が為に年金を回収しに回り世間の風当たりに晒されるのはいい傾向なのかもしれない。五輪のように無給ボラなら尚いい。多分本当にぶん殴られるだろう。　2021-07-04 18:40:31	山上被告の、自分をここまで追いやった社会に対する憎悪がうかがえるツイート。
違うよ。若ければ若いほど成功は個人ではなく環境。ある意味特異な環境で育ち自分の人生と言えるかすら定かでない若さで世界の頂点を極めた場合、それからが心配。高く翔び続けるか、金メダルが重荷になるか。それは誰にも分からない。https://twitter.com/SamejimaH/status/1419440031228260354　2021-07-26 19:00:00	金メダリストという、自分とは対極にある存在について語りながら、違う意味で「特異な環境」にあった自分について語っているように読める。

2021年8月

人類の敵は上から殴り続けなければ調子に乗る事しか知らない北朝鮮とその眷属。主体思想とはそういう思想。https://twitter.com/feedback330/status/1421779277742174208　2021-08-01 22:35:17 統一教会が素性を隠して接近しあれやこれやで信者を獲得する手法を取ってきたこ	山上被告が、統一教会関連団体の催しにビデオ出演した安倍氏を見るのは、この年の9月だが、その直前の8月にはすでに統一教会への憎しみを募らせていたことがうかがえる。

う事を、あろう事か神を騙り行って来たのだから。 2021-05-18 22:05:12

ですが、特にあなたを憎んでいる訳ではありません。今回連絡してみようと思ったのは あなたも統一教会を憎んでいるだろうと思ったからです。憎んでいるなら、さぞかし深く深く憎んでおられるだろうと。統一教会を、文一族を、許せないという思いがあるなら どうか連絡して下さい YよりWへ。 2021-05-18 22:19:50

#宗教2世 まぁあれだ、宗教２世の「結婚ガー就職ガー孤立ガー」なんてカルトのやってきた事に比べりゃ随分高尚なお話なことだ。 2021-05-28 20:02:38

2021年6月

兄弟みな就職して結婚して、それからで本当に良かった。世の中にはこのノリで根こそぎ金を持ち出し親戚に無心し家事は放棄し何日も家を空け、聞けば「世界を救う神の計画の瀬戸際」だと言う。そんな宗教もある。もちろん統一教会だが。
母親を陰謀論で失った｜ぺんたん #note https://note.com/pentan_k2/n/nef0f251a71e5
2021-06-07 20:11:13

「母親を陰謀論で失った」というnoteの記事について。繰り返し、かみしめるように自身の過去を思い返しているように見える。

「同じノリ」は語弊があるかもしれない。奴等は決して自分から関係を終わりにはしない。終われば奴等の負けなのだ。怒れば黙る、一時は家事もする、そしてまた金を持ち出す。地獄。家族という金づる、それをいっそ信者になればこの地獄から逃れられると思わせるまでが奴等の目的。https://twitter.com/333_hill/status/1401859286452424706 2021-06-08 20:35:36

国も自治体も気分が昭和なので矛盾した請

国民年金の保険料納付を免

実に下らない。
親を殺してニュースになる2世が現れて統一教会の名が出れば許してやろうかとも思うが。https://twitter.com/poo88888888/status/1394290529853054980

2021-05-18 19:38:05

統一教会員なんぞナチと同等かそれ以下のクズだぞ。 2021-05-18 19:43:42

文鮮明は生まれた瞬間に叩き殺すのベストだったクズ。あの血族の全てがそう。

2021-05-18 19:46:54

あの頃からは、ずい分教会も変わりましたね。3派それぞれが文鮮明を奉じていますが金を巡る骨肉の争い、銃製造、武装結婚式、どこにも愛も平和もありません。

2021-05-18 22:02:02

統一教会が何十年も前から社会問題化しもはや反社会的組織である事を覆しようもないのは あのような文一族を崇め奉り、彼等の言うことを鵜呑みにし、神(自称)の為と称し騙し、奪い、争わせ、生じたあらゆる問題を自己、或いは自己の信じる神の無謬性を理由に他責化し、神罰とさえ称し嘲笑う 2021-05-18 22:03:05

そのような行い、あわよくば全人類の家庭を崩壊させようとする事業、そんなものを組織的に行って来たからでしょう。実際にどれだけの事ができたかは別にして、その悪の深さはヒトラーやスターリンにも匹敵するはずです。 2021-05-18 22:04:00

そりゃ武装もしたくなるでしょう。いつ殺されても仕方がない事を、むしろ全人類が今すぐ殺さなければならないと思うであろ

山上被告は韓鶴子総裁を狙って手製の火炎瓶を携え名古屋に行っている。長い年月、統一教会への怒りを持ち続け、その最高幹部を襲って統一教会の名前を悪い意味で世に知らしめるという企図を持続させていたことになる。あるいは、その企図のために火薬や部品を揃えていくことで、山上被告はかろうじて精神の均衡を保っていたのかもしれない。なお銃製造は、統一教会が銃にこだわる宗教であるための言及だが、ここから1年程後に山上被告は手製の拳銃で安倍元首相を殺傷することとなる。

もそんなもの。何を目くじら立てるのか？https://twitter.com/KadotaRyusho/status/1380087001597145088 2021-04-09 19:32:17

全体を通して違和感しかない。無責任というか他人事というか。この感覚はウチの母親に似てるから分かる。言葉では心配している、涙も見せる、だが現実にはどこまでも無関心。無意識レベルの無関心と他人事感を前提にした情しかない。こんな人間に愛情を期待しても惨めになるだけ。https://twitter.com/333_hill/status/1383768280574283791 2021-04-18 22:12:47

死刑囚の母のインタビュー記事を受けて。敢えて突き放しているようにも読める。

最近の不運と不調の原因が分かった気がする。当然のように信頼していた者の重大な裏切り。この１ヶ月、それに気付かず断崖に向けてひた走っていた。そういう事か。

2021-04-24 18:13:32

勤務態度に異変が生じてきたと報じられている時期のツイート。山上被告はこのころ火薬を製造するための場所を借りている。彼が言及しているのは、当然、統一教会関係であろうと推察できる。

こういう裏切りは初めてではない。25年前、今に至る人生を歪ませた決定的な裏切りに学ぶなら、これは序の口だろう。オレも人を裏切らなかったとは言わない。だが全ての原因は25年前だと言わせてもらう。なぁ、統一教会よ。 2021-04-24 18:20:09

だがオレは拒否する。「誰かを恨むでも攻撃するでもなく」それが正しいのは誰も悪くない場合だ。明確な意思(99％悪意と見なしてよい)をもって私を弱者に追いやり、その上前で今もふんぞり返る奴がいる。私が神の前に立つなら、尚の事そいつを生かしてはおけない。https://twitter.com/333_hill/status/1387336999993024512

2021-04-28 18:33:17

2021年5月

2世の苦しみか。

このツイートの２年半ほど前、

ミソだフェミだ喧しいが、個人的観測では女は時々驚くほど無礼な事を言う。男同士なら絶対言わない(言えばタダで済まないと分かる)程の否定を例え目上の人間だろうと自分に非が有ろうと、言う。
2021-03-23 18:37:50

歴史学者、呉座勇一氏の北村紗衣氏に対する発言にまつわる炎上問題について。1つ前のツイートでも「何が問題なのかさっぱり分からん」と呉座氏を擁護。

1フォロワーしかいない素晴らしき自由
2021-03-28 01:27:35

著名人へのリプライは多いが思想の近い相手との交流は意外と少ない。

2021年4月

フェミニストvsミソジニストに勝者なんかいないよ。どっちも原理主義者だからね。双方クソ。
2021-04-01 20:45:18

呉座氏や伊東詩織氏の騒動見て思うのは、これもう慰安婦問題と同じ構図だよね。コアな支持不支持はそこでキッキリ別れてると思う。
2021-04-01 20:51:23

オレは物言う女が気に食わないのではない。「女に対する侵害だから他の事は捨象する」みたいな風潮が著しくアンフェアだから言ってる。
2021-04-01 20:56:59

山上被告の全ツイートの用語をカウントすると、「女」と「女性」という語の合計が1位となる。少なくとも山上被告のこのアカウントにとって女性やジェンダーは、ある意味では、統一教会や安倍氏よりもはるかに重要な論点だといえるだろう。

旅費支給でも旅費に足りなくても「経済的支援」に変わりない。後はそうして集めた基地反対デモが「犯罪行為も厭わない人々」か否かの問題。しばき隊が関わっていたなら黒でいいと思うけどね。https://twitter.com/333_hill/status/1377931390134624263
2021-04-02 19:36:52

「ニュース女子」訴訟問題について。ネットのデマにやられてしまっている人の言説と大差はない。山上被告には典型的なネット右翼的な側面もある。

小室圭を応援したくなるなぁ何か。
どっちにしろ稼ぐようになりゃ返すだろ。眞子内親王の気持ちがブレなければ終わり良ければ全て良しに向かう。第一、他の女性皇族の婿なんぞ殆ど見ないだろ。小室圭

小室圭氏が発表した文書への報道を受けて。

2021年3月

菅直人については批判する気にはなれない。政府と東電の長年の不作為は震災が起こった時点で既に敗北を決定づけていた。その中で菅直人は(例え現場の邪魔になったとしても)奮闘した。意気消沈はしなかった。それで十分。https://twitter.com/Reiko0014ps/status/1368353497935056897 2021-03-07 10:54:39	原発事故時の菅直人首相批判に対して。自民党以外の政治家を評価するめずらしい内容。
慰安所システムが基本的に国内遊郭の軍政地への移植である事は吉見義明も認める所。当時の遊郭が反人道的なら慰安所も当然そう。軍政下なら当然軍が関わる。徴兵によっていとも簡単にとてつもなく大量に自国民の命すら奪う軍が人権に配慮などする訳がない。 2021-03-12 20:12:13	軍の関与という論点が欠落した、慰安婦と慰安所に対する偏った一面的な理解がうかがえるツイート。安倍政権への評価の変遷はあっても、歴史認識への視点の変化は見られない。
韓国人の復讐心、連合国の後ろめたさ、人権活動家達の野心、この3つの利害が日本を叩く事で一致したのが「いわゆる従軍慰安婦問題」の実相である。 2021-03-13 18:26:26	
なんて言ってるけど厚労省、裏で生活保護費削減ほかあらゆる国民への支援・支給をどうにかして削る実行部隊だからね。こんな制度に頼る国民は全て怠け者で乞食の不正受給者、そういう性根は変わらない。https://www.jiji.com/err/index.php 2021-03-18 19:14:12	弱者への目線にも、これまでの自己責任論から政府が取るべき責任だとして、変化が生じてきていることをうかがわせるツイート。
ちょっと頭のオカシサが度を越えている。戦後70年越えて「戦犯国」なんて言ってるの世界中で朝鮮半島の人間だけ。https://twitter.com/sharenewsjapan1/status/1370562856874356741 2021-03-20 04:28:57	『鬼滅の刃』の"旭日旗"騒動について。女性への目線に加え、嫌韓的な視線にも変化は見られない。

s/1365867601973317633 2021-02-28 20:59:24

残念ながら氷河期世代は心も氷河期。

2021-02-28 1:01:37

継続反復して若者の無知や未熟に付け込んで利用して喜んでるような奴は死ねばいいし死なねばならない。生かしとくべきではない。それぐらいは言っとく。

2021-02-28 21:07:20

考えても見りゃ安倍のやった事なんか全部逆SEALDSなんだよね。全てが強引な戦後保守の現代への当てはめ、焼き直し。真似して東京五輪まで招致してこのザマ。

2021-02-28 21:13:06

安倍政権もSEALDsの行ったようなポピュリズム的なスローガン政治(近年の政治では再び有効だと再認識されている)を右派版でなぞっているだけだといった、辛辣な批判を展開するようになってきている。統一教会と安倍政権の手法を重ねて批判する発言も。ここでは統一教会は新自由主義的な自己責任論の側にあることも注目。

冷戦を利用してのし上がったのが統一教会なのを考えれば、新冷戦を演出し虚構の経済を東京五輪で飾ろうとした安部は未だに大会を開いては虚構の勝利を宣言する統一教会を彷彿とさせる。https://twitter.com/333_hill/status/1365998459728191493

2021-02-28 21:25:47

もっとも、全てを包摂せざるを得ない現実社会が左派の逆襲に晒されるされるのに対し統一教会は「失敗はお前らの不信心のせい」と責任転嫁して終わるオマケ付きだが https://twitter.com/333_hill/status/1366001651014766596twitter.com/333_hill/statu…

2021-02-28 21:28:03

#ケチって火炎瓶
これを見ると「火炎瓶以上のモノを用意する金がなかったのを馬鹿にされてる」のかと誤解する。 2021-02-28 21:48:55

安倍氏と暴力団の癒着疑惑に関するタグ。1年半ほど前に自ら試みた火炎瓶に代わって、銃を自作することを計画し始めた時期か。

ダム沿いの道で小鹿が柵から抜け出せず死んでいた。ほんの少しの手助けがあれば死なずに済んだのだろうか？

2021-01-18 06:14:48

唯一の動物ネタ。おそらく自分で撮ったであろう写真が添えてある。「ほんの少しの手助け」を求めていた子鹿は山上被告自身だったのだと思わずにいられない。

このサンクチュアリ教会の代表(文鮮明7男)こそ文鮮明が指定した統一教会の正当な後継者。そしてこれである。統一教会が何から何までイカサマであるのは既にこれ以上ないほど明らかだが、彼らに必要なのは撃つべきはただ自分の頭のみという真実 。https://twitter.com/Conscript1942/status/1352172562093019136

2021-01-21 19:46:25

米サンクチュアリ教会がトランプ大統領の呼びかけに応じ米連邦議会議事堂の襲撃に参加したことを受けて。

2021年2月

それなりに自民党支持だったが、なんかもう「ざまぁw」しか出て来ない。森喜朗の時代錯誤といい、本当に政権交代するかもな 。https://twitter.com/bunshun_online/status/1356860745766432770

2021-02-03 21:43:33

「菅首相の長男　総務省幹部を違法接待」という文春オンラインの記事について。このあたりから、明確に自民党への意識の変化が見え始める。

言っちゃ何だがオレの10代後半から20代初期なんかこれ以下だよ。社会問題として支援が呼び掛けられる様は羨ましいとすら思う。https://twitter.com/bunshun_online/status/1365915276538122249

2021-02-28 20:29:13

文春オンライン「『一人暮らしの家でガリガリに』『鬱でSNSをアラビア文字に…』現役大学生が綴るコロナ禍1年間の現実」という記事を受けて。

安保闘争、後の大学紛争、今では考えられないような事を当時は右も左もやっていた。その中で右に利用価値があるというだけで岸が招き入れたのが統一教会。岸を信奉し新冷戦の枠組みを作った(言い過ぎか)安倍が無法のDNAを受け継いでいても驚きはしない。https://twitter.com/cooo55/statu

安倍氏への評価の変遷とともに、岸＝安倍家と統一教会の日本での歴史も直視するようになっている。「若者の無知や未熟に付け込んで利用して喜んでるような奴」の射程も山上被告の中で定まっていきつつあるようにも見える。

も巻き添えにして自爆したね。恐ろしきは女人なり。https://twitter.com/bunshun_online/status/1336944483234009088

2020-12-11 22:29:31

たちに共通する2つの問題点」についてのツイート。母親を正面から憎み嫌うのではない、どこか自嘲めいた書きぶりに、アンビヴァレントな心情が読み取れる。

これで自分が札付きの不良でもあったなら自分が悪かったと思いようもあるが、健気にも母親を支えようとするよく言えば優等生的、悪く言えば自我の希薄な子供だった自分からすれば悪夢としか言いようがない。

2020-12-11 22:35:05

自由主義国家で国教なんてアホでも言わない。イスラム圏ぐらだろう。信教の自由は無論、表現の自由も思想信条の自由もない。あるのは教祖一族の絶対主義国家のみ。正にパブリックエネミー。https://twitter.com/hahaguma/status/1099488997494030336

2020-12-15 18:59:23

統一教会には2020年までに世界7カ国で統一教会をその国の国教とするという計画があったというツイートに対して。

2021年1月

女から喧嘩売って来るんだから女性の権利なんて、まぁ知らんよね(笑)

2021-01-12 20:49:00

定期投稿のようにツイートされる、ミソジニーの典型のようなつぶやき。

スガが国民にお願いする度に裏にある剥き出しの権力性を感じるからだろうか。安倍にはイカサマでもカリスマの欠片ぐらいはあった。石破には強烈な論理性がある。スガには一体何があるのか？農家出身をアピールすらならメルケルのような国民と同じ立場に立った喋り方があるはずだ。

2021-01-13 19:35:34

ここでも石破氏を評価していたことが分かるツイート。

「弱者」と呼ばれる人間のおかげで自分が人の為に何かできる事に感謝するぐらいでなければ金だけ出して黙っておくのがよい

2021-01-17 20:09:24

生活保護についてのツイート。自分自身が生活保護に近い距離にあったが故だろうか。

---

er.com/Sankei_news/status/1316957152179871746 2020-10-16 18:21:35

真面目な議論をする能力があるかはアウトプットでしか証明されない。この炎上騒動で証明されたのはメンタリストのメンタルが相当に反社会的だということ。ぴったりな言葉は自己愛、ナルシシズム、独善性。https://twitter.com/Mentalist_DaiGo/status/1318723851253993472 2020-10-21 20:10:24

You Tubeなどでの「高額納税者が税金の使い方を決めるべき」といった発言でたびたび炎上していたメンタリストDaiGo氏に対する批判。

「この像は戦時下における女性への性暴力をテーマとしたもの」⬅そうかもしれない。
「日本に特化していない」⬅99％ウソ。
祭り上げられるならいざ知らず、公益を装ったエゴの像を建てる運動を世界中で行うなど醜悪そのもの。https://twitter.com/333_hill/status/1321426403141713920
2020-10-28 21:30:08

慰安婦を象徴する「平和の少女像」についてのツイート。ロスジェネ世代に多くみられる嫌韓意識が読み取れる。

2020年11月

統一教会系閣僚9人。安倍政権と変わらぬ菅政権の「新宗教・スピリチュアル・偽科学」関係（HARBOR BUSINESS Online）https://news.yahoo.co.jp/articles/d6d059e224b6f1362b4be0cccee252373381cb39
2020-11-09 18:56:42

『やや日刊カルト新聞』がまとめた「菅内閣と宗教・カルト・ニセ科学」一覧を引用した記事をツイートしている。

2020年12月

@rennge_nekokai いや在日はまだしも、チョゴリ着たら炎上するってナチのコスプレしたら叩かれるのと同じだよね。世界最悪の非人道的独裁国家が指定するから着てるんだよね、朝鮮学校の学生は？ 子供の責任ではない？子供利用して示威行動してるんだよね？ 2020-12-01 18:18:35

『レイシズムとは何か』の著者、梁英聖氏へのリプライ。こうした嫌韓的なツイートが断続的に投稿されるのも山上被告のツイートの特徴。

ウチのお袋は子供に自立の芽でも出ようものなら即座に統一教会ハマって一族もろと

文春オンライン「子育て後に『何もない私』になったママ

来「集団的自衛権は違憲」を通したら間違いなく一悶着ありそうですが、米国は理解してくれるというスタンスでしょうか？

2020-09-08 01:48:33

に控えていた枝野幸男氏へのリプライ。

「為すべきことを為せ」

為すべきことを為していたら、今オレはここにいない

オレが殺すべきだったのはアイツか、オレか

2020-09-23 22:05:05

9月16日に安倍内閣総辞職、菅内閣発足、また野党が合流して新立憲民主党が設立と、政治が動く中で自身の過去を思い起こしてのツイート。

#竹中平蔵は月7万円で暮らしてみろ「月7万円では生活できない」は事実だが、誰も独り暮らしをしろと強制はしない。戦後の核家族化や単身世帯の増加と逆方向に進ませる政策だろう。女でも子供でも平等に7万なのだから、家父長制の復活も意味しない。

2020-09-25 01:10:30

毎月7万円のベーシックインカム導入という竹中平蔵氏による提案についての連続ツイート。旧来の家父長制にとらわれない、「ポスト家庭」的な他人同士の共同生活も視野に入れた多様な家族像や共同体を想像していたのだろうか。

#竹中平蔵は月7万円で暮らしてみろ 男でも女でも子供でも3人集まれば何もしなくても生きていける社会になるが、孤独な人間がより社会問題化するかもしれない。

2020-09-25 01:12:13

そう考えると自民党憲法草案の「家族は助け合わなければならない」としっくりくる。家族に限定する必要もないが、現在でも保護責任者遺棄罪があるのだから憲法価値に反するとも言えない。https://twitter.com/333_hill/status/1309163308650557441

2020-09-25 01:23:31

2020年10月

ちゃんと謝れるって立派だよ。菅も「我々も悪い所があった」ぐらい言うのが大人の政治だよ。言わんだろうけど。https://twitt

日本学術会議問題については、菅前首相や政府に批判的である。

代以内という基準があるんですよ。聖徳太子以前から守られて来たその基準に照らせば旧宮家の即位も相当に異例、という意味かと。 2020-08-24 11:46:16	見るかぎり、山上被告は女系天皇支持であったようだ。
でもリアリティあるよね。オレは韓国人が「日本人は世界では嫌われてる。金づるだからいい顔されてるだけ」と言うのよく聞いたたもんだ。統一教会だが。https://twitter.com/tomoka_hidden/status/1296504266786353152 2020-08-25 00:26:58	NHK広島の企画「1945年にもしSNSがあったら」で朝鮮人ヘイトがツイートされ問題になっていた時期のツイート。
安倍政権のやり方が常に正しかったとは全く思わないが、結果として正しかった事を評価できなければその正しさは失われる。安倍晋三という人間の政治手法を否定する為に結果まで否定する必要はない。 2020-08-28 01:47:41	公文書改竄問題について。安倍政権への一定の評価に加え、石破氏への期待もうかがえる。
改竄を苦に死ぬぐらいなら退職して手記でも発表すりゃ良かった。改竄が事実なら訴えられる心配もない。元官僚の反権力タレントの一人として時の人になっただろう。残念な事だ。 2020-08-28 02:04:31	
「こうしたい」が為になりふり構わず押し切ってきたのが安倍政権。それが安倍氏個人の私利私欲だとは思わないし成果も否定すべきではないが、政権奪回後の自民党2.0のあるべき姿は石破だと思うね。https://twitter.com/zimkalee/status/1299948605587898368 2020-08-30 15:45:30	
@gonoi 安倍政権の功を認識できないのは致命的な歪み。永久泡沫野党宣言みたいなもの。 2020-08-31 13:28:07	著者・五野井へのリプライ。ここでも安倍氏を是々非々で評価すべきと述べている。

2020年9月

@edanoyukio0531 この御時世に結党の由	立憲民主党代表選挙を2日後

ガキの頃に母親の手料理よりカップラーメンが食いたくて(子供ってジャンクフード好きじゃない？)根負けした母親が出してくれたカップラーメン旨い旨いって食ってたらそれまで見た事ないくらいの勢いで母親にブチキレられた事があったっけ。https://twitter.com/ponkots15493241/status/1290605153993633793　2020-08-06 22:02:01

母との思い出をポジティブに記している唯一のツイート。「あったっけ」といった語尾に、素直な心躍りが感じられる。

神道とキリスト教は宗教的には不倶戴天の敵。カトリックの麻生が神道団体に与しバチカンから正式に異端認定されている統一教会にも与すという事は、まぁそういう事。神道系は韓国系の毒消しに必要。https://twitter.com/1125monaca/status/1292368881353334784　2020-08-11 18:09:50

オレがJOKERを観たのは鶴子がやって来る前日、名古屋でだった。　2020-08-12 01:57:21

コロナ渦でjokerも隔世の感がある。今年はおそらく鶴子は来ないだろう。それはオレにとって吉か凶か。　2020-08-12 02:04:26

迷えば敗れる　2020-08-13 02:04:45

---

youtube.com/watch?v=hygvoB…

2020-08-12 02:15:28

「第四次安倍再改造内閣と宗教・カルト・ニセ科学の関係」のリストを引用したツイートに対して。引用ではあるが、安倍氏の名前と統一教会が初めて1つのツイートに入っている。続けて日をおかずに韓鶴子氏と『ジョーカー』についてツイート。「迷えば敗れる」という意味深長なつぶやきも。

麻生はカトリックだからな。2009年だったか、統一教会に強制捜査入れている。当時は宗教法人格取り消しも噂された。奇しくも日本統一教会会長は強制捜査時と同一、徳野だ。　2020-08-24 01:11:59

安倍氏の慶応大学病院訪問報道を受けて。安倍氏退場後の政局を想像していたのだろうか。

@arimoto_kaori 古代の継体天皇(王朝交代説もある)を先例に、皇位継承は男系でも5

ジャーナリスト有本香氏へのリプライ。一連のツイートを氏自身に絞れば共感しないわけでもないとも読め、屈折した心境が読み取れる。

集団的自衛権で戦争に巻き込まれたか？テロ防止法は治安維持法になったか？国際関係には民主主義も選挙もない。その点で国内や個人しか見てぃない、清廉潔白しか取り柄のないド素人左翼より旧冷戦を戦い抜いた汚い自民党の方がマシ。

2020-06-29 21:07:52

山上被告の通俗的なリアリスト寄りの歴史観や政治認識がかいまみえるツイート。

2020年7月

「命の選別が政治」実際その通り。360°正しい選択なんか無い。それでもそれが正しいというロジックが政治。

2020-07-08 17:50:37

無制限に高齢者医療に国費を投入し続けるなら、医療の進歩に従って増え続ける寝たきり老人を生かす為に全ては存在するようになる。寝たきり老人による命の選別。https://twitter.com/333_hill/status/1280848708087603202

2020-07-08 22:05:52

逆だね。優性思想の否定こそが人間の否定。人間性を否定し尽くした純粋な共産主義にしか優性思想のない社会はない。その行き着いた先がポルポト。https://twitter.com/kawagoe_soichi/status/1286870092853071873

2020-07-25 21:36:51

ロスジェネ世代とそれに続く世代は、うまくいかないのは自分のせいだと考える新自由主義の自己責任論や優生思想を内面化しがちだが、山上被告にも同様の思考が見て取れる。成田悠輔氏や落合陽一氏、ひろゆき氏らの問題発言が一部の層にいまだに人気があるのは、こうした理由による。

2020年8月

日米安保体制を構築した岸と安保闘争、日米集団的自衛権の安倍と憲法闘争。意味深な歴史だが結果は岸=安倍の正しさを証明するだろう。https://twitter.com/333_hill/status/1290723886103793664

2020-08-05 04:05:44

「#憲法53条違反だぞ安倍晋三」というタグをつけたツイートに対して。

2020年5月

アベが憎くて仕方ない一部の層以外は、アベのそういう臆病さを評価するんだよ。その恐れが今まで政府の政策を修正させて来たのだから。https://twitter.com/ishtarist/status/1263868220621983744

2020-05-23 10:13:23

安倍氏が「私はルイ16世と同じではない」と述べたことを揶揄するツイートに対して。

確かにヒトラーは生存権≒自衛権を主張したが、世界が彼を相手に戦いを始めたのは何も自国が攻撃されたからではない。単独では抵抗できない弱小国の防衛のため。機能しない国連下で集団的自衛権を否定するという事は、現代で言えば香港を見捨てること。https://twitter.com/mcenroeisgod/status/1265520183281664001

2020-05-28 20:00:36

「戦争屋が戦争を必ず『自衛』と言うのはご存知ですよね」というツイートに対して。

2020年6月

安部首相を引き摺り降ろした所で野党が支持される訳ではない。自民党政権には賛成(親米反中)だが安倍内閣には反対、なんて人がどれ程いるか。護憲9条教徒や共産主義者の政権に比べれば桜も検察も微々たる問題。https://twitter.com/natsuo4381097/status/1266175269062103040

2020-06-02 03:16:48

「逃げても問題が消えるわけではない」とするツイートに対して。

テロ組織認定されたantifaという固有名詞を単に反ファシズムという政治信条にすり替えるのはテロに賛成という意味だよね。https://twitter.com/TomoMachi/status/1269341122549055488

2020-06-08 12:04:18

町山智浩氏のトランプ批判に対して。antifaとは、積極的にファシズムに反対している個人や集団、または反ファシスト運動を指す言葉。

伊藤詩織氏を支持すると自動的に野党を支持する事になるのでオレはしない。https://twitter.com/kikko_no_blog/status/1270328782155419648

2020-06-09 21:43:23

集団的自衛権が議論されていた時で、この事件のために審議が滞り野党を利することになるのを危惧しており、伊藤

経済的貧困が教育と密接に関わりアファーマティブアクションやら大学無償化が社会福祉として実際に行われて来た世界で、その例えは正しいのか。感情的貧困を自己責任としてバッサリ切り捨てる姿勢は正しいのか。https://twitter.com/Tsurigane_mushi/status/1221391515940818944 2020-01-27 14:06:00	非モテ男性が女性とつきあうための戦略を説いた『恋愛工学』(ゴッホ)を批判するツイートに対して。ここでも「弱者男性」論的な言説が展開されている。
尽き詰めれば社会福祉の一切ない完全な弱肉強食世界の一握りの支配者に全ての女が媚を売りつつ支配者の女として奴隷男を使役する社会しか想像がつかん。 2020-01-27 14:46:55	
未だに韓国人に関してレイシストやらヘイトやら言ってればどうにかなると思ってる奴らは本当にバカなんじゃないのか・・ 2020-01-27 17:42:28	韓国、そしてジェンダーとインセルについて、山上被告は繰り返し言及している。
インセルは救済されるべきだが、彼らの言動や要求そのままが受け入れられる事は無い。韓国人に関しても同じだ。 2020-01-27 17:45:18	

2020年2月

有死之栄　無生之辱 2020-02-05 14:59:35	中国の兵法書、『呉子』の言葉「死の栄ありて生の辱無し」。
@bitcoinchan2 @KoWeilai @horikoshiko I think,it's unavoidable fact the Chinese are launching biological war to the world. 2020-02-07 17:40:16	「丸太」(731部隊を想起)で炎上した時期のマンガ家・堀越耕平氏と、それを批判した川井未来氏らへ。コロナは中国のバイオテロとあえて英語で。

2020年3月

さっきメルカリで届いた荷物のラッピングを見て昨日発送したオレは原始人かと思った。東京恐るべし 2020-03-22 11:40:48	珍しく生活実感のあるツイート。彼は我々のすぐ近くにいるごく普通の「隣人」だった。

オレはあの時何を思えばよかったのか、何を言うべきだったのか、そしてそれからどうするべきだったのか、未だに分からない。

2020-01-26 10:59:08

根本的に家族として崩壊したまま、現実は上滑りしていった。あの破綻以来、徐々に勉強は分からなくなって行ったが、それでも祖父が周囲に自慢できるほどの進学校には進んだ。入試後の気の抜けた雰囲気の校内で、沈み込むオレを見てクラスメイト達は入試に落ちたのだと噂した。

2020-01-26 11:14:25

祖父はオレ達に土下座した後、懇願した。これ以上どうする事もできない、田舎に帰るから出て行ってくれと。この言葉はオレを縛り続けた。祖父を信じることができなかった。事実祖父は年に一度か二度、荷物をまとめるようオレに迫った。それからオレを守るのは、皮肉な事に張本人の母だった。

2020-01-26 11:26:24

混乱し誤魔化し続けた現実のまま、ある日祖父は心臓発作で亡くなった。これまで祖父の目を盗んで金を統一教会に流していた母を咎める者はもういない。全てを手にした母は、韓国人が選民と信じる者にしか存在しない対価と引き換えに全てを引き渡し、そして言った。「祖父の会社に負債があった」と。

2020-01-26 11:43:36

祖父は死後も辱められた事になるが、それを知るのはそれから10年後だ。ジョーカーは何故ジョーカーに変貌したのか。何に絶望したのか。何を笑うのか。

2020-01-26 11:47:30

ただ「キモい」という軽い感覚で。https://twitter.com/MeetanMe2/status/1218452239678758914
2020-01-21 09:09:25

この人達は異性からの愛が皆無でも今の自分があったと言えるのだろうか？インフラなんだよ。一定以上豊かに生きるための。これを理解しない限りキリスト教的素地のない日本人は行きつく所まで行く。愛は必ずしもセックスを意味はしない。https://twitter.com/kaoruyumi_/status/1217263575896481794
2020-01-21 09:23:54

金が金を産む資本主義社会において最も金が必要な脱落者には最低限の金が与えられるが、何故かこの社会は最も愛される必要のある脱落者は最も愛されないようにできている。
2020-01-21 09:31:06

人が人にとってのインフラである事の否定はもう人間である事の放棄に近いんだよ。女たちはインセルが最初からインセルで危険だから彼らを愛さなかったのか？間違いなく否だね。ダンスは楽しかろうが、楽しいでは済まない事で世の中は満ち溢れている。
2020-01-21 13:11:01

オレが１４歳の時、家族は破綻を迎えた。統一教会の本分は、家族に家族から窃盗・横領・特殊詐欺で巻き上げさせたアガリを全て上納させることだ。70を超えてバブル崩壊に苦しむ祖父は母に怒り狂った、いや絶望したと言う方が正しい。包丁を持ち出したのその時だ。
2020-01-26 10:58:27

祖父はオレ達兄妹を集め、涙ながらに土下座した。自分の育て方が悪かった、父と結婚させた事が誤りだった、本当に済まないと。
2020-01-26 10:58:48

「インセルは女をインフラか何かのように思い込むことで被害者ヅラしているからこそ白眼視されている」というツイートに対して。女性は性愛の対象でしかないが、山上被告は異性愛偏重ではあるものの性愛のみを意味しないキリスト教的な愛と人間関係を重視している。だが「インフラ」という表現に引きずられ、対話相手に意図が伝わらず誤解されてしまう。このツイートからは彼のまっとうな地金がのぞき、彼が本当は何を求めていたのかが透けて見える。

凝縮した言葉で中学から高校にかけて一身上に起きた出来事を述べたこの連ツイの末尾で、一見すると唐突に山上被告は映画『ジョーカー』の主人公アーサーに自身を重ね、思いを馳せている。母親の嘘に人生を台無しにされたという絶望は、たしかにアーサーと山上被告に共通している。

/status/1207240667459547136

2019-12-19 07:32:17

我が家から全財産を奪い、母に家族を騙してそれを秘匿するよう諭した韓国人は「韓国語が英語に取って代わり世界の共通語になる」と豪語した。愛と平和と「家族の大切さ(笑うしかない)」を訴えるという奴がだ。そんなものだ。 2019-12-28 03:00:18

「反差別と平和を訴える人間が最も差別的で好戦的なのは、それが現代の最強の武器だから」(同02:47:37)というツイートに続けて。

オレが母の嘘(およそ5000万か)に気付くのはそれから10年後、登記簿を眺めた時だ。

2019-12-28 03:02:46

孤独に自殺に狂死、結末がどうあろうと歴史に名を残した人間はいくらでもいるが、インセルが問題化し解決策を探れば探るほど人間は堕ちていく。 2019-12-30 01:40:56

インセルに強いこだわりを持ちつつ、自分をインセルとは認識していない。

2020年1月

鉄道自殺の現場に居合わせた時は無性に腹が立ったが、そうならないのは無関係だからか。 2020-01-07 06:59:42

自死に対する複雑な心境がかいまみえる。

承認欲求と寂しさが無関係とは思えない。死ぬほど寂しかったのなら、死に様ぐらい見届けてやるのが最低限の情のような気もする。その余裕のある人間はだが。

2020-01-07 07:05:27

オレを殺したのは誰だ 2020-01-18 08:08:41

「殺された」という思いを抱いていたのだろうか。

いや何回も言ってるけど、君らは子孫を残させない事で彼らを殺してるんだよ。だからしない。表面的で派手で嗜虐的な男どもの憂さ晴らしの反対側で、君らは黙って静かに時に文句を言いながら、彼らを拒否する事で長期的に絶滅させて行く。それこそ

「どれだけ男性が嫌いでも、女性は男性のようにその憎しみや復讐をポルノ作品で表現することはない」といった内容のツイートに対して。

た。それ故に兄と妹とオレ自身を地獄に落としたと言われても仕方がない。

2019-12-07 21:11:18

何故に母は兄のため、オレを生贄にしようとするか

2019-12-07 21:59:23

母を唆した韓国人によってかけられたオレのこの呪いは、善悪の彼岸によってしか贖われない。理屈ではないのだ。そう、韓国人が日本人を憎むのと同じように。それがオレにかけられた呪いだ。

2019-12-07 22:49:23

従兄弟は在日韓国人と結婚するという。何故オレをこれ以上苦しめようとするのか？

2019-12-07 22:51:37

オレが集団としての韓国人を許すことはないし、それに味方する日本人を許すこともない。父と母と兄と妹と祖父にかけて。

2019-12-07 23:09:15

ネトウヨとお前らが嘲る中にオレがいる事を後悔するといい。

2019-12-07 23:13:58

だから言っただろう、最後はいつも一人だと。頼りになるのは自分しかいないと。プライドしかないのだと。人間など屁の役にも立たんと。

2019-12-07 23:40:29

「朝鮮学校ヘイト」など存在しない。君らが大嫌いな差別主義者を「ヘイト豚」侮蔑するのと同じこと。犯罪者が自由を奪われるのと同じこと。日本人が敵なのではない、全世界が北朝鮮の敵なのだ。子供の事を思うなら非難すべきは好き好んで朝鮮学校に通わせる彼らの親と、そんな学校の存在を許すこと。https://twitter.com/kyoto_np

「朝鮮学校ヘイト、傷つけられた子どもたち　『全員が敵だ』日本社会に感じた怖さ」という京都新聞の記事のツイートに対して。

死んだ父は京大出だった。父の兄は弁護士、母は大阪市大卒の栄養士、母方の叔母は医者だった。そんな環境でオレは優等生として育った。オレの努力もあったが、そういう環境でもあったのだろう。

2019-12-07 20:42:37

祖父にとってオレは何だったのか。出来損ないの父の息子か。オレは祖父に見捨てられない為に演じた。いや、母を殴る父の機嫌を損ねない事が始まりだったのか。

2019-12-07 20:45:14

オレは作り物だった。父に愛されるため、母に愛されるため、祖父に愛されるため。病院のベッドでオレに助けを求める父を母の期待に応えて拒んだのはオレが４歳の時だったか。それから間もなく父は病院の屋上からから飛び降りた。オレは父を殺したのだ。

2019-12-07 20:53:26

幼稚園の頃から人との付き合い方は分からなかった。何故お前らはそんなに無邪気に、無垢に、あるがままでいられるのか。

2019-12-07 20:57:14

オレは道化ではないが、偽り続けたという意味で人間失格に他ならない。そんな偽りの上に立つオレが、祖父が母を殺そうとするのを目の当たりにして壊れても誰がオレを責められるのか。

2019-12-07 21:02:10

オレは事件を起こすべきだった。当時話題だったサカキバラのように。
それしか救われる道はなかったのだとずっと思っている。

2019-12-07 21:04:59

最も救いがないのは、母を殺そうとした祖父が正しい事だ。オレは母を信じたかっ

オレがあの欺瞞、憎しみと復讐の喜びに満ち溢れた「神の愛」とやらを語るあの奴らの顔を忘れる事はないだろう。

2019-11-23 14:25:36

残念な事に、この世にはどう考えても殺した方がよかった人間がいるものだ。

2019-11-23 14:32:27

それを言うならフェミニストが攻撃すべきはチャドであってインセルではない。インセルは憎悪すれども爆発するまで女性に対して無力なのだから。https://twitter.com/nemukeco/status/1196610537909391361

2019-11-24 18:16:08

「【インセル(不本意の禁欲主義者)】は【チャド(女に選ばれる男)】ではなく【ステイシー(自分を選ばない女)】への憎悪ばかりを滾らせる」というツイートに対して。

2019年12月

韓国というのは、彼らの民族性をして何をどうしても周りに負の影響しか与え得ない国なんだよ。

2019-12-07 20:06:10

はっきり言えば単に一刻も早く死に絶えた方が方がいい奴らなのだが、神は奴らを見捨てないだろう。その醜さ故に。

2019-12-07 20:09:19

慰安婦問題に端を発したツイートだが、統一教会による被害を差し引いても、ここでも韓国に対するあからさまな憎悪と敵意を隠さない。

そうだな。オレも母子家庭だった。但し貧困ではない。むしろ裕福だった。婿養子ではないが後継ぎとして母と結婚した父を自殺まで追い込んだ母方の祖父のおかげで。

2019-12-07 20:36:18

三人兄妹の内、兄は生後間もなく頭を開く手術を受けた。１０歳ごろには手術で片目を失明した。障碍者かと言えば違うが、常に母の心は兄にあった。妹は父親を知らない。オレは努力した。母の為に。

2019-12-07 20:39:23

ある女性刺殺事件の容疑者が母子家庭で育ったという記事を受けての連続ツイート。彼が言及している神戸連続児童殺傷事件のあった1997年当時、山上被告は17歳。この頃から引きこもりがちとなり、母に伴われ２カ所の精神科を受診している。ここでも嫌韓感情を隠さないが、本人の中では統一教会から実被害を受けて人生が変わってしまった点で、自身が単純にネトウヨと括られることを拒んでいる。

持ち得るのであって、力を持てば持つほど自滅する運命にある。https://twitter.com/mas__yamazaki/status/1190546950073905154 2019-11-02 19:30:34	く、つまり普遍的な内容だということ」などと述べたツイートに対して。
@chodofusuki 私も含めてではあろうと思いますが、オスの本能を語りだす人間が性犯罪を容認している訳ではないですよ。被害者の語る何かが、単に被害に止まらず人間社会の基底をなす本能的な部分を揺さぶるからです。それはおそらく男だけでなく、女性の本能に近い部分にとってもです。 2019-11-09 22:43:1	山上被告の「弱者男性」論的立場が見えるツイート。
だがお前が復讐を仕掛ける限り、オレの自分の復讐を果たす。 2019-11-13 10:30:27	統一教会と相打ちになる覚悟がうかがえる。この後、ル＝グウィン著『ゲド戦記』からの引用を連続ツイート。
民主化された中国が統一朝鮮に倣って歴史問題を追及してきた場合、非常に厄介な事になりそうな気はする.. 2019-11-17 10:34:54	嫌韓とは対照的に、中国は大国だ、侮れない、という意識が濃厚。
人が一人では生きられんのも絶対的な事実ではあるが。 2019-11-22 09:13:28	山上被告の心の揺れ、人恋しさがかいまみえるツイート。
いやまぁ、知らんけどな 2019-11-22 09:13:45	
ここが自由の国なら、オレはとうの昔に自分の頭を打ち抜くか乱射事件でも起こしてた人間だよ。ただし、撃つ相手は選ぶがな。 2019-11-23 09:30:39	このツイートから約３年後、山上被告はその手で人を殺めることになる。もし彼に気の許せる友人や恋人がいたらと思わずにはいられない。
そうだ、この世界はフレンドリーだし男も女も愛に溢れている。ただオレがフレンドリーでもなく愛に応える術を持たないだけだ。 2019-11-23 14:02:32	

か」にここまで注意を払っている人間を初めて見た。何を考えてジョーカーを観ていたのか・・ https://twitter.com/frogbbb/status/1183878112137728000

2019-10-20 03:12:56

に描こうとした絶望や苦しみが見えなくなることに苛立っているように見える。また、自身とアーサーの境遇を重ねているかのようなツイートも確認できる。

@frogbbb インセルが狂気に走って希代の悪党になる映画が大ヒットとなれば女としては困るのは分かるが、ジョーカーはインセルでないのではなく憎む対象が女に止まらず社会全てというだけ。「インセルか否か」を過剰に重視するのは正にアーサーを狂気に追いやったエゴそのもの。

2019-10-20 03:26:39

ジョーカーという真摯な絶望を汚す奴は許さない。

2019-10-20 04:02:27

世の中に善意がある事は否定しないが、善意が自己犠牲だとすればフェミニズムはその反対概念ですらある。いくら女が犠牲を強いられて来たと言っても、何ら犠牲にした事もなくその善意に与った事もない非モテには醜悪なエゴにしか見えないだろう。

2019-10-20 05:01:19

山上被告のなかで、「フェミニズム＝利己性」という観念が出来上がっていることがうかがえる。

@frogbbb ええ、親に騙され、学歴と全財産を失い、恋人に捨てられ、彷徨い続け幾星霜、それでも親を殺せば喜ぶ奴らがいるから殺せない、それがオレですよ。

2019-10-23 15:38:55

自身がインセルではないとする根拠の１つ。しかし、かつては恋人がいたものの、統一教会のせいでそうした時期からすでに長い年月が経ったと読み取ることができる。

2019年11月

表面的な普遍性を装った悪意が力を持てば持つほど、反作用も大きくなる。トランプ然り、移民然り、ジョーカー然り。デザキの作品はいずれ彼らの悪意を証明する一つになるだろう。彼らの力は彼らが少数故に

日系アメリカ人ミキ・デザキ監督による日本の慰安婦問題を扱った映画『主戦場』について、紛争史研究家の山崎雅弘氏が「上映会でも批判はな

のはさすがに非礼である。 2019-10-14 0:55:45	
「妊娠出産は女の特権」というワードが批判を浴びているが、DNAを残すという観点では女は絶対的な強者になる。https://twitter.com/misssfc2019_no7/status/1170750038319910912 2019-10-14 01:28:44	彼の女性観がうかがえるツイート。統一教会と安倍政権の連続ツイートの間にツイートされており、統一教会に家庭が翻弄されるなかで、恋人のできない生活を余儀なくされてきたことがよぎったのだろうか。
オレがに憎むのは統一教会だけだ。結果として安倍政権に何があってもオレの知った事ではない。 2019-10-14 02:35:41	自分が今後起こすであろう行動が安倍政権に影響を及ぼすことを示唆。
換言すれば、統一教会とは正しく韓国人の、韓国人による、韓国人の為の宗教に他ならない。 2019-10-14 04:15:57	統一教会憎しであることを差し引いても、典型的な嫌韓感情が確認できる。
世はヘイトだ差別だ喧しいが、統一教会というものを知れば知るほどその異常性の発生源に民族から切っても切り離せないもの、民族性と言うしかない物が通底している事に気付くだろう。 2019-10-14 4:16:21	
原作やダークナイトの純粋な「悪」というジョーカーから考えるとアーサーはジョーカーではない、というのはあり得る。彼はジョーカーに扮した後でも、自分ではなく社会を断罪しながら目に浮かぶ涙を抑えられない。悪の権化としては余りにも、余りにも人間的だ。https://twitter.com/333_hill/status/1184329237366394881 2019-10-16 14:09:34	原作や、同じ『バットマン』のスピンオフである『ダークナイト』の内容も理解していることが分かる。ジョーカーに、自分自身の社会に対する絶望や苦しみを重ねていると思われるつぶやき。
でも絶対ヤラせてやらない。はいインセル一丁上がり t.co/y1p58yIVMU 2019-10-20 02:37:29	深夜の連続ツイート。インセルとはいわゆる「非モテ」のことだが、山上被告はインセルに過度にフォーカスすることで、『ジョーカー』が本当
あの映画を観て「アーサーがインセルか否	

第三部　山上徹也ツイート全1364件　完全分析

本書執筆にあたり、山上徹也被告が2019年10月13日から2022年6月30日まで「silent hill 333」のアカウント名で投稿したツイート1364件を分析した。その中から主要なものを抜粋して原文のまま時系列に掲載する。

2019年10月

やりゃいいよ。どうせ「日本死ね」「民度ｶﾞｰ」「民主主義は死んだ」しか言う事はないのだから。詰まるところ日本人ヘイトに向かうしかな無いのは言わなくても分かり切っている。https://twitter.com/zzOMecplvqvy9G9/status/1182598930053206017

2019-10-13 14:14:40

「silent hill 333 @333_hill」のアカウントで最初に投稿されたツイート。台風被害が続くなか、10月22日に開催予定だった「即位の礼」を中止すべきという意見に対して。

Cream - White Room (2019 Joker Movie OST) https://www.youtube.com/watch?v=g84gn78mwas 2回も観てしまったぜ

2019-10-13 23:43:33

この8日前の10月5日、山上被告は韓鶴子総裁来日講演に合わせて名古屋に行き、そこで『ジョーカー』を見ている。

にも関わらず海外からは極右民族主義者と評される安倍政権に朝鮮民族主義の走狗がいる事の整合性を取るには、金と票、過去の経緯ぐらいしかないだろう。

2019-10-14 00:45:58

アベも同じ極右民族主義者だから世界の敵ではないか」という御仁もおられるだろうが、統一教会と比較してはいけない。彼らは所有権を認めない。全世界の正当な所有者は自分だと思っている。さらにおぞましいのは、モノにも増して重視するのが全世界の「女性」に対する性的権利だという事だ。

2019-10-14 0:52:09

ひとつ前のツイートで「朝鮮民族主義の極右である統一教会は全世界の敵であり、当然日本の不倶戴天の敵でもある」と述べたことに続けて。すでに統一教会と安倍政権の関係を把握していたと思われる。アカウントを開設した当日の深夜から統一教会と安倍政権について連続ツイートしており、強い関心がうかがえる。

統一教会のおぞましさに比べれば多少の政治的逸脱など可愛いものだ。安倍政権に言いたい事もあろうが、統一教会と同視する

五野井郁夫（ごのい いくお）

1979年、東京都生まれ。政治学者・国際政治学者、高千穂大学経営学部教授。東京大学大学院総合文化研究科国際社会学専攻博士課程修了、博士(学術)。専門は民主主義論・国際秩序論。2013年ユーキャン新語・流行語大賞で「ヘイトスピーチ」がランクインした際に顕彰。著書に『「デモ」とは何か　変貌する直接民主主義』（NHKブックス）、共編著に『リベラル再起動のために』（毎日新聞出版）など、共訳にウィリアム・コノリー『プルーラリズム』（岩波書店）など。「立憲デモクラシーの会」呼びかけ人も務める。

池田香代子（いけだ かよこ）

1948年、東京都生まれ。ドイツ文学翻訳家。東京都立大学卒業。著書に『世界がもし100人の村だったら』（マガジンハウス）、翻訳に『夜と霧』（みすず書房）、『ソフィーの世界』（NHK出版）など。映画『ベルリン・天使の詩』などの字幕も担当。YouTubeチャンネル「デモクラシータイムス」で「池田香代子の世界を変える100人の働き人」を担当する。

山上徹也《やまがみてつや》と日本《にほん》の「失《うしな》われた30年《ねん》」

2023年3月29日　第1刷発行

著　者　五野井郁夫《ごのいいくお》
　　　　池田香代子《いけだかよこ》

発行者　岩瀬朗

発行所　株式会社集英社インターナショナル
〒101-0064　東京都千代田区神田猿楽町1-5-18
電話　03-5211-2632

発売所　株式会社集英社
〒101-8050　東京都千代田区一ツ橋2-5-10
電話 読者係 03-3230-6080
販売部 03-3230-6393（書店専用）

印刷所　大日本印刷株式会社
製本所　ナショナル製本協同組合

ISBN 978-4-7976-7427-9　C0036